李燕杰教授

李燕杰教授和夫人齐绍华老师

◆ 李燕杰教授和巨海集团董事长成杰先生

◆ 李燕杰教授参加巨海集团六周年庆典展示书法

◆ 李燕杰教授授予成杰：爱国教育成就勋章、"中国梦"演讲艺术勋章

南怀瑾和李燕杰教授

文怀沙和李燕杰教授

冰心和李燕杰教授

贺敬之和李燕杰教授

舒同和李燕杰教授

张岱年和李燕杰教授

↑ 艾青夫妇和李燕杰教授

↑ 姚雪垠和李燕杰教授

↑ 曹禺和李燕杰教授

↑ 牛满江等和李燕杰教授

↑ 航天英雄杨利伟和李燕杰夫妇

↑ 学诚法师和李燕杰教授

西昌市巨海李燕杰希望小学剪彩仪式

西昌市巨海李燕杰希望小学剪彩仪式

西昌市巨海李燕木燃希望小学

落成剪彩仪式视频

李燕杰
谈国学精粹

成 杰◎著

 四川人民出版社 时代光华
Times Bright CreSuccess

图书在版编目（CIP）数据

李燕杰谈国学精粹/成杰著.—成都：四川人民
出版社，2017.5
  ISBN 978-7-220-10075-8

  Ⅰ.①李… Ⅱ.①成… Ⅲ.①国学—通俗读物
Ⅳ.① Z126-49

中国版本图书馆 CIP 数据核字（2017）第 058004 号

LIYANJIE TAN GUOXUE JINGCUI

李燕杰谈国学精粹

成杰　著

责任编辑	王　茜　薛玉茹
特约编辑	赵　洋
封面设计	回归线视觉传达
版式设计	冉　冉
责任印制	张　辉
出版发行	四川人民出版社（成都槐树街 2 号）
网　址	http://www.scpph.com
E-mail	scrmcbs@sina.com
新浪微博	@ 四川人民出版社
微信公众号	四川人民出版社
发行部业务电话	（028）86259624　86259453
防盗版举报电话	（028）86259624
照　排	冉　冉
印　刷	北京市平谷区早立印刷厂
成品尺寸	145mm×210mm
印　张	8
插　页	10
字　数	152 千字
版　次	2017 年 5 月第 1 版
印　次	2017 年 5 月第 1 次印刷
书　号	ISBN 978-7-220-10075-8
定　价	39.80 元

序一

风卷海浪花万朵，雁上晴空诗一行。

这两句诗，是成杰在我心目中的写照，我们彼此的年龄相差近半个世纪，但我们都是热爱祖国、热爱演讲、热爱教育事业、热爱中华优秀传统文化的人。

我生在国学之家，居于国学之里，一生传播国学之道。家父早年入清华大学国学研究院后，师从梁启超、王国维，后转入北京大学研究所国学门随钱玄同、刘半农学习。在我出生之后，家父一直在大学、中学和家馆中讲国学，初期主讲三玄五经，即《老子》《庄子》《周易》《三礼》《书经》《诗经》《春秋》，同时也研究先秦诸子学说。

我幼年时期经常从家父那里听到章太炎、冯友兰、陈寅恪的名字，所以对中华优秀传统文化产生了极大的兴趣。

上大学时，我有幸学习中国文学语言这门课程。毕业后，我在大学任教并讲"四史"：中国古代文学史、中国文化史、中国图书史、中国美学史。

这"四史"对我影响很大，无论是在授课期间还是在海内外演讲期间，我都是用中国语言结合中国故事讲中国的哲思。我在讲学、演讲中都力争做到：

大本大元求大智，大爱大美利大成，求真求善又求美，立德立言再立功。

同时我还十分重视根面度效兼顾、魂道器术偕行、德识才学共进、修齐治平为宗。

我从教六十年，演讲四十载，每堂课都会涉及国学，每场演讲都不离国学。

我曾讲：不学国粹是忘本，只讲国学易倒退；不学西方是无思，只学西方是无知。

因此我在讲国学时，一再强调从中华优秀传统文化中求最大公约数，力争为社会做出最大的贡献。

记得早年我主持编写《中国诗歌史》时，曾到郭沫若先生家中求教，他一再嘱咐我：研究传统文化，不应陷入故纸堆中，要取其精华，去其糟粕；研究古代文化，要研究现实主义与浪漫主义相结合；研究革命文化，要研究革命现实主义和革命浪漫主义相结合。

我这些年写了一些书，如《走进智慧》《大道不言》《人生九级浪》《不是第一就是唯一》等。今天成杰在百忙之中竭诚尽职、竭心尽力完成这本关于国学的书，其中包括我对国学的思考，请大家审阅指正。我坚信在大家的帮助下，成杰会更加努力，使这本书渐臻完善。

另外，我还想推荐欧阳中石老师的一首诗：

先贤懋德崇原训，律己修身启万和，

兴国亲仁通四海，升平天下共欢歌。

今天，我这个年近九十的人依然要"苍龙日暮还行雨，老树春深更著花"。

李燕杰

2016 年 11 月 16 日清晨 5 时

于神州智慧传习馆

序二

中国，是世界四大文明古国之一，为人类文明历史做出了巨大的贡献，有着不可替代的地位。

被誉为欧洲文化发源地的古希腊，曾创造出辉煌灿烂的文明，但因在文明发展过程中出现过长时间的断层，所以无法和中国相比。中国的文化源远流长，如黄河越九曲、长江泻三峡，虽然曲折，但从未断流。这种独一无二的特性，是任何国家与民族都无法比拟的！

我们充满智慧的祖先留下了丰富的传统文化遗产，它博大精深，浓缩了人文科学和自然科学的知识结晶，是五千年来各民族共同积累的文化宝库。

这些传统文化遗产，我们称之为国学。

国学博大精深、包罗万象，《易经》是国学之根源；《道德经》是道学之根；《论语》是儒学之本；《孙子兵法》是战争与和平学问之基；《墨子》是关爱弱势群体之书；《史记》是"前四史"之首，开创纪传体先河。

这些传统文化遗产，即使放在世界范围内，其价值也是不可估量的！

国学深远而持久地影响着中华儿女，给一代代中华儿女烙上"龙的传人"的印记，是中华民族自豪感和凝聚力的源泉。

作为一名中国人，在民族复兴之际，在世界经济、社会联系越来越紧密之时，应该珍视并努力学习国学、传承国学、发扬国学之风。

有人会问：国学典籍浩如烟海、汗牛充栋，我们该如何在有限的时间内，高效率地学习国学呢？

在此，我要郑重地向大家推荐一位学识渊博、思想睿智、仁慈大爱的国学引路人——共和国教育艺术演讲家李燕杰教授。

李燕杰教授身上具有极强的时代印记，在"60后"的成长道路上，李燕杰教授的学识如雨露一样滋润他们的心灵，李燕杰教授的仁爱如阳光一样驱赶他们内心的阴霾！改革开放后，李燕杰教授作为共和国演讲大师和心灵导师，以其风趣、充满智慧的演讲风靡全国，启迪国民思想。同时，他还是一位卓越的教育家、文学家、易学家和书法家。

其实，在这些耀眼的光环背后，李燕杰教授还是一位国学大家。

"生于国学之家，居于国学之里，勤于国学之义，传播国学之道。"这是李燕杰教授学问修养的真实写照，这一切都得益于他深厚的国学功底。

在传统文化的熏陶下，李燕杰教授从小接触国学经典，并且在日后的学习、工作、生活中勤学不辍。改革开放后，他创办了民间第一家国学院——羲黄文化研究院，所以李燕杰教授对如何学习国学有着独到的见解。

李燕杰教授认为，一个中国人，无论在哪里都不能忘本，不能忘记祖先。老祖宗的东西坚决不能丢，每个中国人都应学习国学。我们今天学习国学，绝不是为了复古，而是为了革新，以史为鉴，目的在于开创更加美好的未来。

李燕杰教授认为，今天我们研究国学，就要经世致用，就得"给力"，软实力、硬实力、巧实力、格实力、魅实力、健实力……总之，需要什么力，就给什么力。如何给力？以易增智、以道强慧、以儒修身、以佛养心、以兵安邦、以法正矩、以墨济民、以史为鉴、以艺增魅。

李燕杰教授一生热爱国学、钻研国学、践行国学、传播国学，并将自己的学习方法和理论知识传授给弟子们。这部《李燕杰谈国学精粹》是李燕杰教授多年学习经验和实践经验的总结，我相信喜欢国学并有志于钻研国学的读者们，定会在此书中获益匪浅。

成杰

2017 年 1 月

目 录

C O N T E N T S

第一章

大本大元求大智：国学中蕴藏的智慧

第四章

立德立言立功：国学中蕴藏的谋略

第五章

国学的加减法：如何智慧地读国学

第六章

经增智，道强慧，儒修身，佛养心：如何智慧地认识国学

第七章

德识才学兼顾，魂道器术同行：如何智慧地运用国学

大本大元求大智：

国学中蕴藏的智慧

龍

蒼龍日暮還行雨

老樹春深更著花

成水愚山

天下乃天下人之天下：姜太公的大成智慧

· 李燕杰曰 ·

中国有句歇后语："姜太公钓鱼，愿者上钩。"这里所说的姜太公，就是姜子牙，周朝的开国元勋，我在《走近智慧：李燕杰智慧语录》里介绍过他。

姜太公是位传奇人物，年轻的时候他在商朝的都城朝歌当屠户，一直没挣到什么钱，穷困潦倒，最后连媳妇都被气跑了。后来，他云游四方、浪迹江湖，依然穷困潦倒、毫无成就。传说到了姜子牙72岁的时候，他在渭水边遇到周文王，这才真正踏上了治国理政之路。

他遇到周文王的时候，只说了一句话便让周文王心服口服，也让周朝的江山稳固了 800 多年。那么，姜子牙到底对周文王说了一句什么话呢？

当时，纣王昏庸无道、滥杀忠臣、蹂躏百姓，周文王忍无可忍，暗中招兵买马、遍求贤才，准备揭竿起义。为此，周文王日夜整顿军队、操练兵马。一天晚上，周文王梦见了一只金光闪闪的飞熊向他扑了过来，惊醒后他觉得这是天意，是上天在提醒他世间将有贤才出现，而飞熊就是贤才。

第二天，他就派人去寻访"飞熊"。有个士兵在渭水河边遇到了正用直钩钓鱼的姜子牙，问及，知道姜子牙的别号正是飞熊。这个士兵高兴坏了，赶紧回去向周文王禀报。周文王听后，觉得姜子牙肯定是能人异士，就坐辇来到了渭水河边。

周文王见到姜子牙后，问道："要使天下归顺，你有什么良策吗？"姜子牙回答：**"天下不是一个人的天下，而是天下人的天下，与天下人共享天下之利的人，就能得到天下；独享天下之利的人，就会失去天下。"**

周文王听完这句话后如醍醐灌顶，一把握住姜子牙的手，再也不放开。传说周文王亲自拉辇把姜子牙接回王宫，他气喘吁吁、挥汗如雨地拉着姜子牙坐的辇走了 800 多步，后来周朝便坐拥了 800 多年的稳固基业。

"天下非一人之天下，乃天下人之天下也"成为姜子牙最有智慧的一句话。商朝时期，纣王残暴成性、欺压百姓，致使众叛亲离、民不聊生，而姜子牙给出的策略正是安抚百姓，与百姓共存共荣。这一策略，直接抓住了社会矛盾的核心，得民心者得天下，从攻心入手，大业自成。

· 国学镜鉴 ·

姜子牙的大半生都处在穷困潦倒中，直到72岁才飞黄腾达，从平头百姓一跃成为周文王的首席谋士。他的人生经历堪称传奇，那么，他人生大成的智慧在哪里呢？

姜子牙半生落魄，是真没本事吗？

显然不是。没有本事的人即使见到周文王，也得不到赏识。

姜子牙是大器晚成吗？

也不是。在晚年发迹之前，姜子牙已是满腹经纶的贤能之士。他还曾在商朝为官，只是因为不满纣王的昏庸无道才离去。

为了增广阅历，体察民间疾苦，他曾经游历天下。在游历天下的过程中，他看到了很多昏庸的诸侯因残暴奴役百姓而被百姓推翻。于是，他逐渐总结出：天下不是一个人的天下，而是天下人的天下，与天下人共享天下之利的人，就能得到天下；独享天下之利的人，就会失去天下。

姜子牙72岁前的穷困潦倒是他自己选择的。这里蕴含着一则大智慧——在没找到能接受自己观点的贤明君王之前，宁愿穷困潦倒度日；可一旦找到了，就是自己建功立业之时！

姜子牙知道渭河一带是周文王的管辖范围。周文王姬昌一直胸怀大志，准备推翻商朝，所以他求贤若渴。

为了吸引周文王注意，姜子牙有意用直钩钓鱼。他钓的哪里是鱼呢？他真正钓的是人，是明主。

果然，这件事传到了周文王的耳朵里，周文王派士兵三番五次去请姜子牙，姜子牙毫不理睬。直到周文王亲自出马，姜子牙才放下鱼竿，笑一笑，站起身，从容地和对方交谈。这一谈，成就了一对贤君名臣。

这就是姜子牙的大成智慧：目光长远，通晓大势，知道天下真正的归属。

作为商朝的末代君主，纣王有治国之才，只是他贪图享乐，宠幸美女苏妲己，建造酒池肉林彻夜宴饮，导致朝政荒废。同时，他还好大喜功，多次兴兵作战，对外征伐，民不聊生。他又大兴土木，建造鹿台，劳民伤财，民怨沸腾。最让纣王失去人心的是他偏听偏信、屠戮忠良：杀比干，逐箕子……

纣王的残酷暴行有违天道，商朝必定会灭亡。姜子牙知道纣王坐不稳天下，商朝就像建在沙滩上的高楼，根基不稳，这便是"擅天下之利者，则失天下"。天下不是纣王一个人的，一代君王整天贪图享乐、欲望纵横。老百姓遭受君主的压迫，处在水深火热之中，能不造反吗？老百姓都是有血、有肉、有思想、有感情的人，把他们当作牲口来奴役，他们能心甘情愿吗？

姜子牙看到了商朝的命运。商纣王倒行逆施，江山一定不会稳固的，所以他干脆放弃了官职，跑到渭河边上钓鱼去了。

姜子牙确有大智慧，多少人梦寐以求能够封官加爵，他却毫不留恋，因为他深谙天下大势。没有最初的辞官，就没有后来的得遇明主，更没有成就王朝更替的霸业。

姜子牙懂得"天下非一人之天下，乃天下人之天下也"和"同天下之利者，则得天下；擅天下之利者，则失天下"的道理，做出正确的选择，从而获得成功。

姜子牙的大成智慧一直被后人称颂和学习。自周朝到秦汉，诸子百家都有类似的观点和论述。到了西汉，汉武帝极力推崇"罢黜百家、独尊儒术"，使得儒学成为占有统治地位的显学，儒生们也非常认同姜子牙"天下非一人之天下，乃天下人之天下也"的观点。

在儒家经典《礼记》中，有"大道之行也，天下为公"的理念，这句话说的就是姜子牙的天下观。"天下为公"的观点，随着儒学占据统治地位，而被越来越多的人广泛认可，致使历史上的无数仁人志士为之努力着。

革命先行者孙中山先生就十分推崇信奉这一理念。观其一生，他确实践行了这句话。

孙中山先生早年学医，但当时清王朝腐败，丧权辱国，他凭着自己的一腔爱国热血，弃医从政，走上了救国之路。孙中山上书李鸿章，李只是一笑置之。孙中山先生曾做过许多新的尝试，但都没有成功，失望之下他有了革命的想法。

孙中山先生一辈子都在革命，他所做的事都是为了天下苍生，凭借"天下为公"这四个字，一无所有的他振臂一挥，应者云集，进而推翻了晚清政府，建立起了中华民国。

孙中山先生去世，"天下为公"这四个字被后人镌刻在中山陵的墓碑上，他以其一生的功业印证了"同天下之利者则得天下"这句话。

▌▌ 成杰感悟 ▌▌

"闲来垂钓碧溪上，忽复乘舟梦日边。"这两句诗，出自唐代诗人李白的代表作《行路难》。

古代诗人在写诗的时候，一般都喜欢引用典故，李白引用了姜太公"垂钓碧溪"最终"钓"到周文王，从而成就自己一生功业的典故。

我的经营哲学是：利众者伟业必成，一致性内外兼修。

凡成大业的人都是利众利他之人，同样，凡利众利他之人易成大业。

毛泽东为什么能领导全国人民成立新中国？就是凭借"为人民服务"这句话。这句话虽然只有五个字，但是却让新中国在满目疮痍中崛起。直到今天，"为人民服务"这五个字依旧发出耀眼的光芒，在各个领域体现它不可估量的价值。

毛泽东用他一生的作为与成就，印证了"同天下之利者，则得天下"这个道理。

天之正也，不可干而逆之：鬼谷子的通天智慧

· 李燕杰日 ·

中国人有句老话"春种夏长，秋收冬藏"。这句话出自《鬼谷子》："持枢，谓春生、夏长、秋收、冬藏，天之正也，不可干而逆之。逆之者，虽成必败。故人君亦有天枢，生养成藏，亦复不可干而逆之，逆之虽盛必衰。此天道、人君之大纲也。"

用现代人的话来说，就是掌握行动的关键，顺应事物的规律。春天耕种，夏天生长，秋天收获，冬天储藏，这即是农业的正常运作规律。如果不遵从这个规律，那么就不会有好的收成，甚至颗粒无收。

鬼谷子的话，实际上是在提醒我们：做人做事，必须遵循

一定的客观规律，这是不可悖逆的。如果反其道而行之，违反了客观规律，那么，即便成功一时，也终会失败。

鬼谷子的话很有道理，他是位了不起的大谋略家！

鬼谷子姓王名诩，是战国时期道家的代表人物，也是纵横家的鼻祖。因为他长年隐居"鬼谷"这个地方，所以人称鬼谷子。

鬼谷子具有通天的大智慧，他深谙天下大势，知道天下大势是不可逆的。所以，他在那个战乱的时代，躲进了"鬼谷"修行。可谓：避祸于乱世，悠然看风云。

虽然隐居，鬼谷子可没闲着，他一方面研究各种学问，一方面教育弟子。鬼谷子的学问渊博深厚，他精于揣摩人心，深知刚柔之势，通晓纵横之术，独具通天之智！更厉害的是，他不仅学问渊博，而且擅长培养人才。鬼谷子教学既讲谋略，又催人要向善。鬼谷子为后世培养出许多优秀的人才：苏秦、张仪、孙膑、庞涓、尉缭子、毛遂……

大家可以想想，在中国历史上，有哪个老师在一生中可以培养出这么多优秀的人才，这么一批扭转乾坤的大人物？

这些培养人才的本领显然和他通天智谋密不可分。

·　　国学镜鉴　　·

"谋圣"鬼谷子的通天大智慧，就在于他知晓"天之正，不可干而逆之"的道理。

这个道理体现在哪里呢？

第一，他了解天下大势，知道在近百年的时间里天下不太平，所以干脆避祸于"鬼谷"，最后安然终老。

第二，他培养出大批精英弟子，掌握事物的运作规律，参与天下时势，这一点在苏秦、张仪身上体现得最明显。

苏秦和张仪原本都是落魄的书生。苏秦曾经因为穷被家里人嫌弃。张仪更惨，曾经穷到没饭吃。经过鬼谷子的调教，苏秦游说诸侯"合纵抗秦"，身挂六国相印；张仪投靠强秦，游说诸侯以"横"破"纵"。苏秦和张仪成为风云天下的纵横家。

苏秦运用什么智慧，对六国国君说了什么，让他们都能心悦诚服地接受他的建议，拜他为相呢？

我们来看看苏秦游说魏王时智慧精彩的说辞：

苏子为赵合从，说魏王曰："大王之地，南有鸿沟、陈、汝南，有许、鄢、昆阳、邵陵、舞阳、新郪；东有淮、颍、沂、黄、煮枣、海盐、无疆；西有长城之界；北有河外、卷、衍、燕、酸枣，地方千里。地名虽小，然而庐田庑舍，曾无所刍牧牛马之地。人民之众，车马之多，日夜行不休已，无以异于三军之众。臣窃料之，大王之国不下于楚。然横人谋王，外交强虎狼之秦，以侵天下，卒有国患，不被其祸。夫挟强秦之势，以内劫其主，罪无过此者。且魏，天下之强国也；大王，天下之贤主也。今乃有意西面而事秦，称东藩，筑帝宫，受冠带，祠眷秋，臣窃为大王愧之。

臣闻越王勾践以散卒三千，禽夫差于干遂；武王卒三千人，革车三百乘，斩纣于牧之野。岂其士卒众哉？诚能振其威也。今窃闻大王之卒，武力二十余万，苍头二千万，奋击二十万，厮徒十万，车六百乘，骑五千匹。此其过越王勾践、武王远矣。今乃于辟臣之说，而欲臣事秦。夫事秦必割地效质，故兵未用而国已亏矣。凡群臣之言事秦者，皆奸臣，非忠臣也。夫为人臣，割其主之地以求外交，偷取一旦之功而不顾其后，破公家而成私门，外挟强秦之势以内劫其主，以求割地，愿大王之熟察之也。

分析苏秦的话，我们可以发现他游说的智慧和规律：

第一步，是捧。苏秦先恭维魏王几句：大王，您的国家地理位置十分优越，君王贤明，大臣忠诚……这样说，魏王肯定"龙颜大悦"，后面的话就容易听进去了。

第二步，是诱。苏秦趁着魏王高兴的时候，从价值的角度说出六国联合的好处：可以集合更多的力量，对抗强大的秦国。

第三步，是激。苏秦举出几个以弱胜强的案例，把国君建功立业的欲望引出来。

第四步，是导。有了前面几步铺垫，苏秦顺水推舟地表明来意，希望魏王实施六国联合抗秦的策略。

完成这四步，所有的国君都欣然接受了苏秦的建议，并拜他为相。

苏秦的游说之所以屡屡成功，就是因为他深得鬼谷子通天智慧的真传，掌握了人们思维活动的普遍规律，掌握了人们心理活动的普遍规律，有针对性地进行游说。

鬼谷子的智慧，用于普通人能够成就个人事业，用于统治者能够兴国安邦。他的智慧可谓通天彻地。

"天之正也，不可干而逆之"同样提醒君王：统治国家、治理万民，也有必须遵循的客观规律。君王要爱护民力，组织百姓正常生产、生活。如果反其道而行之，违反了客观规律，即便一时得意扬扬，最后也会国破家亡。

隋炀帝登基的时候，隋朝的国力蒸蒸日上。隋炀帝自视甚高，急于在最短的时间内成就自己的圣君霸业，他用残暴的武力统治国家、兴建土木、欺压百姓、劳民伤财，折腾了十几年，终于把一个强大的帝国搞到奄奄一息，直至灭亡。

东北部的国家高句丽没有对隋臣服，隋炀帝为此三次东征高句丽。这场他以为很快就能旗开得胜的战争，却几乎耗光了隋朝的国力。

三征高句丽，隋朝先后动用数百万人力，耗费财物无数，大量的士兵和民夫死于战事和劳役之中。隋朝的对外战争导致国内极度缺乏劳力和耕田的牲畜，大片土地荒芜，经济遭到严重破坏，民生凋敝，民众被迫起义，拉开了隋朝灭亡的帷幕。

隋炀帝对外征伐，对内大力营造东都，东都采海内奇禽异兽草木之类，以实园苑；征河南诸郡男女百余万人，开凿大运河；修筑长城；整治驰道⋯⋯

隋炀帝大兴土木建设，使得全国百姓在短时间内被集中起来进行劳役。整个隋朝犹如一个巨大的工地，天下万民在重压之下苦苦挣扎⋯⋯

据史学家估算，隋炀帝从继位到大业八年（公元612年）东征高丽一次，就进行了22项重大工程，共动用人力达3000多万人次。为了成就自己的圣君之业，隋炀帝让整个帝国陷入了全民皆兵、全民皆工的状态。

当时的隋朝危机四伏，据历史记载"丁男不供，始役妇人"，由此造成了"百姓困穷，财力俱竭，安居则不胜冻馁，死期交急，剽掠则犹得延生，于是始相聚为群盗"的现象。这些"群盗"就是各路反隋的起义军。

鬼谷子曰："天之正也，不可干而逆之"。隋炀帝罔顾社会运行的客观规律，耗尽民力，最后自然是被民众推翻，导致身死国灭。

成杰感悟

苏秦出身平民，因为能够把握客观规律，按照规律做事，最终身挂六国相印；隋炀帝富有四海，却因违背客观规律而丢掉江山和性命。强烈的对比，值得深思。

每个成功的人，都有一个共同的特点：用最短的时间，摸清万事万物的客观规律，然后按照规律行事。

人们在日常交往中可谓是千人千性，我们该如何跟不同脾气、不同性格的人交谈，并且能谈得投缘呢？这是一个很重要的问题，很多人觉得这个问题很难：我一个人，怎么能够针对不同的人，使用不同的对话术呢？

其实，早在数千年前，鬼谷子就用自己的智慧给出了答案。

鬼谷子精辟地总结出与不同人的交谈方法：与智者言，依于博；与博者言，依于辨；与辨者言，依于要；与贵者言，依于势；与富者言，依于高；与贫者言，依于利；与贱者言，依于谦；与勇者言，依于敢；与愚者言，依于锐；此其术也，而人常反之。

鬼谷子用自己的智慧总结出人们交谈时的客观规律，并且指点弟子按规律办事。同理，我们现代人在做人做事的时候，一定要遵从客观规律，才能把事情办成办好。

道生一，一生二，二生三，三生万物：老子的始源智慧

· 李燕杰曰 ·

老子是一位有大智慧的人，他对中国传统文化的贡献值得我们每个中国人为之骄傲。据历史记载，他做过周朝的"守藏室之官"（管理藏书的官员），是一位拥有大智慧的大哲学家。

我关心老子，学习他、弘扬他的思想，因为他是一位智者和哲人，更是圣人。在中国历史上，孔夫子曾问礼于老子，并且是执弟子礼。孔夫子问道老子之后，对他的智慧心服口服。

我读《史记·老子韩非列传》，看到里面孔子是这样讲的：

鸟，吾知其能飞；鱼，吾知其能游；兽，吾知其能走。走者可以为罔，游者可以为纶，飞者可以为矰。至于龙，吾不能

知其乘风云而上天。吾今日见老子，其犹龙邪！

孔子深切体会到老子学问的高深，所以以龙来形容他！

我说老子是李氏家族的祖先，不是没有根据地乱说。早在唐朝，皇帝们就都十分尊崇老子。唐高祖李渊、唐太宗李世民都说过老子是李氏家族的祖先，所以唐朝以道教为国教。唐代规定文武百官都要学《道德经》。后来唐玄宗继位，每天晚上都要拜老子，他还亲自为道家作《霓裳羽衣曲》，在太和宫祭献老子时演奏。

老子一生没有真正讲过学，只凭他在出函谷关时，应函谷关令尹喜的邀请留下了五千言的《道德经》，影响着一代又一代中华儿女。老子的《道德经》在人类历史上发挥过并继续发挥着十分重要的作用，同时被传播到世界各国。

有人说"此去函关八百里，今留圣典五千言"，是说老子留给我们的只是一部《道德经》。但迄今为止，古今中外研究《道德经》的书约四千余种，它的注释书多达四五千种。

《道德经》从内容上来看是一种始源的大智慧，它有高度、有广度、有深度、有厚度感，其高、广、深、厚是后人难以企及的。有了老子，有老子的《道德经》，中国开始有了道教。

《道德经》中的"道"是道路、是规律，讲人与天、人与地、人与人之间的关系，这绝非偶然。

老子的理论思辨影响着中国乃至全世界，有人说大凡盛世，多受老子影响。

在中国，每个历史悠久的大城市都有老子像，道观中也有老子像，老子又被称为"太上老君"。

燕园（北京大学）的一个角落有一尊站立着的老子像，那个小院子似乎是国学院。

我的家里也有几尊老子像，其中有一尊是老子乘着青牛出关，老人家举着两根手指。本科生看到后说："这是 victory（胜利）。"研究生看到后说："这是一分为二。"那天，一位意大利汉学家看到后说："这是'道生一，一生二，二生三，三生万物'"，他还说："'人法地，地法天，天法道，道法自然'。"我当时一听乐了，想他这个汉学家还算合格。

我们讲老子，是讲老子的哲学思想。我们要用心去学习老子的大智慧。

今天，企业家们应该读一读文白对照的《道德经》。日本人、德国人评价说它不仅仅是哲学书，还是兵书，更是智慧之书。老子的智慧对人类的发展来说非常有用，它所阐述的人与自然的关系，值得研究。

美国和欧洲为了发展经济搞工业革命，但是破坏了环境。伦敦"雾都"的称号是怎么来的，不是工业污染吗？后来他们终于明白了人与自然的规律，开始治理环境，进行环保，满打满算就几十年。而我们中国人呢，早在几千年前就提出要重视人与自然的关系，这又是多么的伟大呀！但是，只有像老子这种拥有超越千年的预见性和哲理高度，才称得上是大智慧，始源智慧。

老子"道生一，一生二，二生三，三生万物"的始源智慧该如何理解呢？

道生一，"一"是太极；一生二，"二"是阴阳；二生三，"三"是阴阳配合；三生万物，"万物"即是万事万物。

这句话表明老子看待世界的态度，也可以说是老子的"宇宙生成论"。

"道"是根本，我们做事情只有抓住了根本，走对第一步，才能把后面的每一步都走好。如果开头就走错了，那后面的就不用说啦，正所谓"一步错，步步错"。

历史上，抓住根本，走好每一步，最终成就大事业的例子有很多。"一步错，步步错"的例子更多，我们就说比较著名的一件事——淝水之战。

这场战争在中国历史上非常有名，"投鞭断流""风声鹤唳""草木皆兵"这几个成语都是出自这里。

这场战争的起因是前秦皇帝苻坚想要攻打东晋。当时，苻坚已经统一了北方，他还想要统一全国，所以就发兵攻打南方的东晋。

这场战争，从一开始就不具备胜利的条件——也就是我们说的"一步错"。

为什么这样说呢？

当时，苻坚要发兵攻打东晋，几乎所有的大臣都反对，他们的理由很充分。

时机不到。前秦刚刚统一北方，社会经济还不发达，老百姓的生活还很艰苦。国家要打仗，就要给老百姓增加很大的负担，引起老百姓的不满，会造成社会不稳定。

对手不弱。东晋虽因内乱导致"五胡乱华"而被迫南迁，可国家的实力并不弱，所以这块"骨头"很难"啃"。

最重要的一点，还是前秦本身的问题，它虽然表面上统一了北方，但是并没有真正理顺国内的各方势力。当时的前秦，民族众多，矛盾深重，潜藏着巨大的危机。

所以，大臣们给苻坚的建议是"攘外必先安内"。

可惜，苻坚听不进去，认为可以靠武力统一东晋。苻坚崇尚武力，加上他独断专行的作风，所以大臣们怎么说，他都不当回事。

于是，第一步错了，就再也不能挽回了。此后，苻坚的所作所为更是"步步错"。

苻坚征发了几十万大军，不仅老百姓苦不堪言，而且军心不稳。这几十万大军来自北方各处，他们相互之间还有仇怨，怎么能指望他们齐心协力上阵作战呢？

符坚派大臣朱序劝降东晋，没想到朱序是"身在曹营心在汉"，见到东晋统帅谢石后，他不但泄露了军事机密，而且劝告对方先发制人。谢石采取朱序的建议，决定主动出击，先发制人。

而此时，符坚又犯了一个错误，他命令军队后撤，等晋军"半渡而击之"。几十万大军，在当时落后的通信条件下，后撤中乱成一团。此时朱序在秦军阵后大叫："前线的秦军败了！"顿时，秦军军心大乱，立刻崩溃。这时候，晋军全力出击，大败秦军。

符坚发动的这次战争，就是因为他没有得"道"，从根本上犯了错，最后以惨败收场。老子"道生一，一生二，二生三，三生万物"的始源智慧，不仅影响了千千万万的中国人，还在世界上产生了巨大的影响，很多外国名人用实际行动证实了这一点。

丹麦物理学家玻尔——哥本哈根学派的创始人，他在世界科学界的地位非常高。这位伟大的科学家受老子始源智慧的影响非常深，这得从20世纪说起。

1937年，玻尔访问中国。在中国，他第一次看到了道家的太极图，太极图就是黑白色的两条"鱼"，我们叫它"阴阳鱼"。太极图讲究的就是阴阳结合，阴中有阳、阳中有阴，二者拥有对立统一的关系。

玻尔看到，甚是感兴趣，便问：这是什么含义？中国学者就跟他讲了老子的"道生一，一生二，二生三，三生万物""道可道，非常道；名可名，非常名""天下万物生于有，有生于无""万物负阴而抱阳"这些道家的智慧思想。

玻尔仔细一琢磨，还真琢磨出点东西来——给他自己的"互补原理"找到了哲学上的依据。玻尔一想，自己这么绞尽脑汁想出来的东西，中国的老子早在 2500 年前就提出来了，这多了不起啊！

1947 年，玻尔给自己的哥本哈根学派研究所设计图徽，就想起"太极图"来，基于太极图带来的灵感，玻尔设计出了令自己满意的图徽，而且还加上了"对立即互补"的铭文。

1949 年，丹麦王室因为玻尔在科学上的贡献要授予他勋章，玻尔就说："我不是理论的创立者，我只是个得道者……"说完之后，他要求把中国的太极图作为荣誉证书的背景图。

英国也有一位受到老子影响的科学界名人，他就是生物化学家、科学技术史专家、两次诺贝尔奖的获得者李约瑟博士。李约瑟博士不仅研究自然科学，还研究社会科学，比如中国的传统文化。

在中国传统文化中，李约瑟博士最佩服的人就是老子。他在自己的学术研究中，高度赞扬了道家"道生一，一生二，二生三，三生万物"的始源智慧，奠定了道家在中国科技史上的重要地位，对道家文化在世界上的传播做出了卓越贡献。在其名著《中国科学技术史》中，李约瑟这样写道：

中国人格中有许多最吸引人的因素都来源于道家思想。中国如果没有道家思想，就会像一棵深根已经烂掉的大树。

道家对自然界的推究和洞察完全可以与亚里士多德以前的希腊思想相媲美，而且成为整个中国科学的基础。

……

因为痴迷道家文化，他连给自己取的中国名字都充满了道家的味道——他姓李，源于老子，他的字丹耀，号十宿道人、胜冗子，都饱含道家意蕴，晚年的李约瑟更是自称"名誉道家"。

此外，老子始源智慧的拥护者里，还有比利时物理化学家、诺贝尔化学奖得主普里高津；美国物理学家、诺贝尔奖得主卡普拉；日本物理学家、诺贝尔奖得主汤川秀树；等等。

这么多科学界精英都认同老子的始源智慧，并从中受益，这充分说明了老子"道生一，一生二，二生三，三生万物"智慧的伟大。

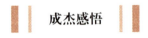

成杰感悟

道生万物，万物有道；以心明道，以身行道。

中国人历来喜欢著书立说。古人留给我们的著作浩如烟海、汗牛充栋，一辈子都读不完。老子的五千言《道德经》字数少了点，有些人就觉得它不算什么。

如果真这么想，那就大错特错了！

老子的五千言，胜过其他千千万万的著作，是中国人智慧的本源。中国人从中悟出了辩证法，外国人从中悟出了科学原理。

这说明什么？

山不在高，有仙则名；水不在深，有龙则灵。

《道德经》是言不在多，智藏其中。所以我常说，人的话不在多少，而在于是否说到位。一言之辩重于九鼎之宝，三寸之舌强于百万之师。一语能够定乾坤！

那么，什么样的话才算是说到位了呢？就在于话里是否含有大智慧。如果你能够向老子学习，说出字字珠玑、道理深刻的话语，那么你就一定能够让听到的人敬仰你。

与时逐而不责于人：范蠡的大商智慧

· 李燕杰曰 ·

我小时候上过私塾，先生也教学生们写对联，俗话叫"对对子"。有一副名联，我记得很清楚。

上联是：有志者，事竟成，破釜沉舟，百二秦关终属楚。

下联是：苦心人，天不负，卧薪尝胆，三千越甲可吞吴。

上联说霸王项羽起兵灭秦，兴复楚国的典故。下联说越王勾践卧薪尝胆，复仇灭吴的典故。这些典故，司马迁在《史记》中都有详细的记载。司马迁非常伟大，他在"究天人之际，通古今之变"的过程中，还专门写了《货殖列传》，记述了世界上第一位富豪、第一位下海经商者范蠡，同时还记录了最早的"公关小姐"西施。

越王勾践能够报仇成功，得益于两大功臣的帮助，一位是范蠡，一位是文种。范蠡在协助越王勾践成功灭吴后，没有贪恋荣华富贵，而是急流勇退，因为他知道勾践这个人可共患难，不可共富贵。临走前，他提醒了文种一句："飞鸟尽，良弓藏；狡兔死，走狗烹。"可惜文种不信，结果最终被勾践赐死了。

范蠡是鬼谷子的弟子，他的眼光和智慧是很超前的，自然了解勾践的性情。据说，在灭掉吴国的庆功宴上，范蠡向勾践请求辞官归隐。勾践天性凉薄，但他爱面子，假惺惺地说："我要和你共享富贵，如果你不接受，我就杀了你的妻子儿子！"这一下，让范蠡彻底决心出走，他连夜乘舟涉三江、入五湖，奔走齐国。

范蠡离开之后，或叫退隐之后，致力于商业。他不仅是治国良臣、军事奇才，同时又是商圣。《史记》记载，他化名陶朱公，带领全家"耕于海畔，苦身戮力，父子治产，居无几何，致产数千万"。就是说，一家人在海边靠煮盐和捕捞海产成了大富翁。

如果范蠡只能挣钱，还不够称为商圣。他不仅能挣钱，更会花钱，花钱做慈善。我国古代有名有姓的慈善家不多，陶朱公范蠡就是最早的一位。司马迁说他"十九年之中三致千金"，而又"再分散于贫交疏昆弟"，也就是在十九年中，他三次挣到千金，但三次把这些钱分给穷人。司马迁认为"此所谓富好行其德者也"。

我们讲国学，讲中华优秀传统文化，能不讲商圣范蠡吗？

·　**国学镜鉴**　·

范蠡之所以成为商圣，在于其经商时具备的谋略。古人喜欢把一个人或一件事情的成功归结为具备"天时、地利、人和"等条件。范蠡的成功，归结起来可以说是：因天之时，就地之势，依人之利。

因天之时，就是要充分利用有利的时机。

范蠡的大智慧就是善于抓住机会。早在辅佐勾践的时候，他自己就曾经说过"天有四时，春生冬伐；人有盛衰，泰终必否"和"从时者，犹救火追亡人也，蹶而趋亡，唯恐弗及"的话。在制定国策、指挥战事的时候，范蠡非常善于利用天时；在纵舟五湖，重新开始自己的人生时，他更注意这一点。经商过程中，范蠡善于捕捉商机，讲求诚信，不坑人害人，所谓"与时逐而不责于人"。

范蠡深明天下大势，他认为越王勾践灭掉吴国后，在相当长的一段时间内，其他诸侯国难以与越国抗衡，短时期内会出现和平安定的局面。和平年代是经商的最佳时机，所以范蠡决定把经商作为自己人生新阶段的目标。

就地之势，就是要充分利用有利的社会条件。

范蠡逃离越国后，先到了齐国，定居陶地（今山东省定陶县）后，才开始经商。他这样的选择不是心血来潮，而是经过周密的调查研究做出的明智抉择。陶地处于天下的交通要塞，传说尧最初居于此，舜也在此地制作过陶器。由于诸侯征战，这里先归宋、卫，后归于齐。

尧、舜优良品德的延续，使陶地当地人有着淳朴、诚信、勤劳、节俭等传统美德；因为归属国的频繁更替，陶地有宽容、开放的气度；陶地处于交通枢纽处，使其天然成为繁华地域。陶地优良的社会环境和文化传统，就是宜于经商的地利。范蠡的选择再次证实了他具有卓越的眼光。

经商方面，范蠡注重以义经商，巧妙地处理好义与利的关系。

范蠡在商业经营中不追求暴利，看重"逐什一之利"。他生财有道，本着薄利多销的原则，既赚到了钱，又赢得了好的名声。在经商致富后，范蠡没有做贪婪的守财奴，而是仗义疏财，为自己赢得了好名声。如此一来，他这样一个外来的巨富，消弭了被人嫉恨的隐患，让自己和家人在陶地彻底站稳了脚跟。

▌▌ 成杰感悟 ▌▌

我接触过太多的生意人。有的人，一见面我就会喜欢他，就准备跟他合作；有的人，不管他怎么谈，我都不愿意跟他合作。这两种人的区别就在于他们的能量场不同。

你生命的焦点是利众，你生命的能量就会变得十分强大，变得十分令人震撼，就会成为别人喜欢合作的人；相反，你生命的焦点是自私自利的，你生命的能量场就会变得微弱，大家都会避开你、远离你。

一个人选择了自私自利，就选择了渺小的自己；一个人选择了不为私利，就选择了伟大的自己。利众不是一味地牺牲自我成全别人，而是努力达成共赢。做人应当先利众，后利己，正所谓"自利则生，利他则久"。

商圣范蠡最让人欣赏的就是这一点。他在经商时，并不是一味地追求利益，而是愿意与众人共赢。

有一次，范蠡做马匹生意，从西部买马到越国出售。但是，从西部到越国的路上总有强盗出没，抢了范蠡的马匹，使他的买卖赔了钱。

范蠡心细，发现有个叫姜子盾的布商，贩卖布匹，一路上从没有被抢过。后来范蠡暗中调查发现，姜子盾和强盗是铁哥们儿！

范蠡怎么处理的呢？报官？上门报复？

范蠡在姜子盾的门前贴了一张海报，海报上说的意思是：我开了一个物流公司，开张大酬宾，运货不要钱。

姜子盾看到海报，马上与范蠡联系，范蠡很快就和他达成合作协议。

在此之后，姜子盾的布匹卖了，范蠡的马也卖了，二人皆大欢喜。

范蠡借助他人的优势，用共赢的思维，巧妙地达成了各自的目的，这就是商圣的大智慧。

第二章

大爱大美利大成：

国学里蕴藏的德性

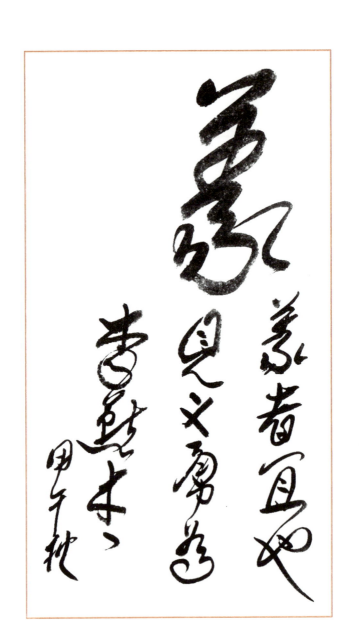

德：恃德者昌，恃力者亡

· 李燕杰曰 ·

英国学者培根说过"读史使人明智"。

我非常喜欢这句话，因为它和我的教学经验是一致的。我讲过中国古代文学史、中国文化史、中国图书史，还涉猎过中国美学史。

我喜欢读史，最喜欢的历史书籍是《史记》。

在《史记》中，司马迁提到"恃德者昌，恃力者亡"。

这句话是司马迁用来评价商鞅的。意思是说，一个人或一个国家，凭借高尚的道德做事，可以让事业兴盛；要是凭借暴力去征服，那么最终会走向灭亡。

其实，在司马迁写下这句话之前，《礼记》上面就有类似的话：人之情，心服于德，不服于力。可谓有异曲同工之妙。

这方面的历史案例层出不穷，我给大家举三国时期的两个例子，刘备和吕布。可以说，这两个人是"恃德者昌，恃力者亡"的典型人物。

先说刘备，刘备在三国时期是一位仁德的王者。

在那样混乱的时期，相比那些残暴血腥的统治者来说，刘备非常明白仁德的重要性。对于一心想恢复汉室、拯救天下苍生的刘备来说，民众是最重要的，所以他才能在乱世中崛起。

一个豪强非常仇视刘备，就派人去假装投奔刘备，实则是寻机会刺杀他。刘备不知此事，热情款待刺客。刺客跟刘备相处一段时间后，不忍心杀这样一位仁厚之人，就把有人想要刺杀他的事情如实相告，然后飘然离去。

还有一次，刘备和许汜在刘表家做客，大家谈起天下的豪杰，许汜说陈登是个无礼之人，刘备很好奇地问他是怎么回事。许汜讲陈登很轻视自己，刘备感叹道："唉，您有名士的称誉，如今天下大乱，正需要您这样的人拯救苍生。但是，您走到哪里都忙着扩充家业。这正是陈登最看不起的举动，所以他怎么会对您有礼呢？"

正是因为刘备的仁德，当他作战不利、逃离荆州的时候，成千上万的百姓宁可舍弃家园也要跟着他走。

也正是因为刘备的仁德，那些有才之士才愿意投奔他，徐庶、诸葛亮、赵云等都被刘备收到麾下。早期，在刘备漂泊无定的时候，这些手下也不曾有过一丝怨言，依然忠心耿耿地追随他。

同样，因为他的仁德使他走到哪里都受到当地诸侯的礼遇。比如，他投奔袁绍的时候，袁绍亲自迎接他；投奔曹操的时候，曹操竟然说"天下英雄，唯使君与操耳"。

吕布和刘备完全相反，是缺德的一位，反复无常，唯利是图，人称"三姓家奴"。

吕布本为汉末并州刺史丁原的部将，丁原与军阀董卓有仇，按理说吕布也应该同仇敌忾。可是，吕布却在董卓赠予赤兔宝马和加官晋爵的许诺下杀死了丁原。

吕布成为董卓的手下后，粉碎了很多次针对董卓的刺杀行动，深受其信任。但是，因为两个人都是贪婪的小人，他们之间又产生了巨大的矛盾。

司徒王允一直痛恨祸国殃民的董卓，他抓住策反吕布的机会，以利诱之，力劝他下手除去董卓。果然，吕布动心了，随后成功刺杀了董卓。

吕布被人称作"三国第一猛将"，是因为他不仅武艺高强，而且作战勇猛。当他还是董卓部下的时候，多次击退反董卓的联军。虎牢关"三英战吕布"中，刘备、关羽、张飞三人联手，在吕布面前都没有占上风。吕布曾长时间占据徐州，自成一方势力。

但是，因为依仗武力称雄，不重视仁德，吕布也逐渐失去人心。此后他并未收敛，而是狂妄地认为没有谁能够战胜自己。最终，在建安三年（公元199年）和曹操的一次战斗中，吕布被下属出卖，在下邳被击败。吕布还想凭借自己强悍的武力，通过给曹操效力来逃过一死，可是曹操不齿他的为人，下令将他处死。

于是，"三国第一猛将"就这样印证了"恃力而亡"的道理。

· 国学镜鉴 ·

在世界历史上，成吉思汗铁木真是个不能被忽略的人物。

铁木真从一个贫穷的部落酋长起家，东征西讨。在半个世纪里，铁木真以几十万的蒙古大军，先后灭亡几十个国家，多次发动对外征服战争，几乎征服了整个亚洲和半个欧洲，建立起人类历史上版图最大的蒙古帝国。蒙古帝国把原来相互隔绝的东西方紧密地联系在一起，从根本上改变了世界版图。

曾经横扫欧亚大陆，征服无数文明的蒙古帝国，却在短短的时间内就分崩离析并最终消逝，这其中有什么样的启示呢？

强大的蒙古帝国之所以很快衰败、没落，并且沉沦到谷底，再也没有兴起，是因为当时蒙古统治者崇尚暴力、恃强凌弱、拒绝文明。这种野蛮思想和行为虽然使他们盛极一时，但却不能持久。

野蛮的表现之一是滥行杀戮。

蒙古大军所过之处无可抵挡，不仅是因为蒙古人的善战，还因为他们血腥的手段。他们在征战中原时，屠城滥杀屡见不鲜。公元1215年，成吉思汗领大军攻陷金国都城中都（今北京），对城中居民进行了长达一个月的大屠杀，超过100万人丧生。

野蛮的表现之二是等级制度。

建立元朝之后，蒙古人从制度上将天下人分为四等：一等是蒙古人；二等是色目人；三等是汉人，即北方较早归顺的汉族和其他少数民族；四等是南人，即原南宋辖地的汉人。在等级制度下，是蒙古人对汉人的歧视和凌虐。

野蛮的表现之三是只破坏不建设。

当时蒙古大军占领的地方，永远充斥着暴力破坏。公元1258年，忽必烈的兄弟旭列兀率领蒙古铁骑攻陷巴格达，屠杀巴格达居民120多万人，以致底格里斯河河水为之一片血红。蒙古人全面破坏两河流域的水利设施，使得灌溉系统毁于一旦。蒙古人还引幼发拉底河的河水进城，淹没整个城市，导致巴格达被彻底毁灭。

那些被蒙古大军入侵的国家，在野蛮残暴的蒙古人屠杀、抢劫之下，很多地方人口灭绝，文明遭到毁灭性的破坏，再不复繁荣景象。

野蛮暴力的蒙古帝国因为其残暴统治而不得人心。蒙古统治时期，各处的反抗势力此起彼伏，各个文明国度从来没有停止过对野蛮统治的反抗，直到这个外表强悍的庞然大物轰然倒下。

蒙古帝国的灭亡对中国和世界的启示是什么？野蛮可能会暂时战胜文明，但野蛮最终会败于文明之手。文明顺应并代表着人类的发展方向，只有文明才能使社会长盛。

古语云："恃德者昌，恃力者亡。"蒙古帝国的兴衰史印证了这条真理。

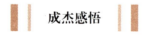

成杰感悟

《道德经》曾经提到："兵者，不祥之器也，非君子之器，圣人不得已而用之。"

这句话的意思就是劝统治者要修仁德，不要依仗武力肆意妄为。在历史上，无数的事实证明了"恃德者昌，恃力者亡"这个道理。

在我的职业生涯中，遇到过非常多的成功人士。我在和他们交流成功经验的时候，所有人都有这样的感受：商场如战场，但是在这个"战场"上，是不能一味地采取对抗的方式的，尤其是在这个人情社会中。

中国人非常看重情谊，很多时候，在两个合作伙伴资质差不多的时候，会根据自己与对方关系的亲密程度来选择生意伙伴。如果在大家的亲密程度差不多的情况下，就要拼人品了。这个时候，就显出"德"的重要性，品德高尚的人总会获得更多人的信任，从而得到更多的合作机会。

我的好朋友山西百圆裤业连锁经营股份有限公司董事长杨建新先生，曾经与我分享他人生成功的核心秘诀：一个人的能力决定他能走多高，一个人的品德决定他能走多远。

善：上善若水，水善利万物而不争

· 李燕杰曰 ·

有很多朋友向我求字。一天，一个对道教感兴趣的朋友来向我求字。我就给他写了"上善若水"的字幅。

"上善若水"是我最喜欢写的名言之一，出自《道德经》，原文是："上善若水。水善利万物而不争。处众人之所恶，故几于道。"

最善良的人就像水一样，水善于滋润万物而不与万物相争，停留在众人都不喜欢的地方，所以最接近于"道"。

老子用水的特性来比喻品德高尚者的人格，认为他们像水那样柔，滋润万物而不与万物相争。这些人的高尚之处即在于：他们可以忍辱负重、任劳任怨，尽其所能地贡献自己的力量去帮助别人，不会和别人争名夺利。

其实，这种思想，不仅道家有，儒家也有。《孔子家语》里面记载了孔子和学生子贡的一段对话。

孔子观于东流之水。子贡问曰：君子所见大水，必观焉何也？孔子对曰：夫水，偏与诸生而无为也，似德。其流也埤下，裾拘必循其理，似义。其洮洮乎不屈尽，似道。若有决行之，其应佚若声响，其赴而仞之谷不惧，似勇。主量必平，似法，盈不求概，似正。淖约微达，似察。以出以入，以就鲜洁，似善化。其万折也必东，似志。是故君子见大水必观焉。

孔子也是借用了"水"这一自然事物，来描述品德高尚的君子的形象。其中的观点虽然与道家有所区别，但在思路上是一致的。

我在演讲的时候，曾经讲到关于"真善美"的话题。其中，讲到"善"的时候，我就提过"上善若水"这个词。我讲：古人说有"水德"，那么水的"德"是什么呢？

奔流不息，进取之德；

哺育万物，奉献之德；

水滴石穿，韧长之德；

水准持平，公信之德；

源头活水，创新之德；

水流向下，谦虚之德；

流水不腐，清廉之德；

水流入海，恒久之德；

依物随性，变通之德；

海纳百川，包容之德。

如果我们每个人都能够要求自己"上善若水"，那这个世界上的真善美就会越来越多。

· 国学镜鉴 ·

老子认为水有"德"，一是善利万物，就是给万物带来益处；二是不争，就是付出而不求回报。

老子认为，人应该有崇高的品德，像水一样。一个人要能做到水那样上善，就是完美的。

"上善若水"是中国传统文化中所推崇的为人处世之法。

现代人想成为一个优秀的人，必须以"上善若水"来要求自我，学会放低自己的姿态来对待别人，以自己美好如水的品德去感化众人。这样，我们才能被上级肯定，让下属服膺，与同级和谐相处。

在中国历史上，有两位名将，就具有老子所说的水之"德"。

第一位是冯异。他是东汉开国皇帝光武帝刘秀的心腹将领。

冯异自跟随刘秀起兵以来，英勇善战、治军有方、军纪严明，而且他性格恬淡、谦逊，从不争名夺利。

在每次战斗结束后，刘秀都要召集手下的将帅，论功行赏。这时，各个将领都在为自己和下属争功，有时候甚至吵得面红耳赤、不可开交。冯异从不居功自傲，他总是独自安静地坐在一棵大树下，笑呵呵却不说话，不管刘秀评定他的功劳是大是小，他都毫无怨言。

刘秀非常欣赏冯异的气度，就给他取了个雅号，称之为"大树将军"。刘秀在开国前后，始终对"大树将军"优容有加。

第二位是汤和。他是明朝开国皇帝明太祖朱元璋的心腹将领。

汤和与朱元璋的关系非常亲近。《明史·汤和传》记载：汤和，字鼎臣，濠人，与太祖同里闬。也就是说，两个人不仅是同乡，还是街坊。

汤和对朱元璋的影响非常大，甚至可以说是朱元璋走上发达之路的贵人。

据历史记载：汤和幼有奇志，嬉戏尝习骑射，部勒群儿。及长，身长七尺，倜傥多计略。汤和从小立下大志向，善于骑射，有领导才能。可想而知，小时候的朱元璋也许还比不上他。

到了元末，各地义军蜂起，胸有大志的汤和带着十多个兄弟投奔了郭子兴的红巾军，因作战骁勇，以功授千户。据说，念旧的汤和曾经写信给朱元璋，邀他参加义军。

后来朱元璋离开他出家的皇觉寺，也参加了郭子兴的义军。这个时候，汤和看出朱元璋是个豪杰，将来必成大事，便独奉约束甚谨，使得太祖甚悦之。

从此，汤和东征西讨，为大明天下戎马一生。

汤和没读过多少书，但他明白"上善若水"的道理。论及功劳，他不比其他将领少，但是他却非常谦虚、谨慎，只是鞍前马后，从不争功。明朝立国后，朱元璋想要收回兵权时，汤和更是急流勇退，主动辞官回家养老。

回到家后，汤和的作为更是如水一般，善利万物而不争。他守口如瓶，从来不对任何人谈论朝政之事，也从不评价皇帝的作为。在自己病倒后，他分发钱财给姬妾和奴婢，让他们各自寻找自己的出路。他把自己多年所得的赏赐，送给了乡亲和谈笑风生的老朋友们。他从不以开国功臣自居，严格要求子孙、家奴不能嚣张妄为，避免授人以柄。他不结交地方官员，不过问政事，平日里就是游山玩水、饮酒作乐、含饴弄孙。

这些表现，让多疑的朱元璋也放下心来。

汤和的行事善利万物而不争，在开国功臣几乎被悉数除掉的明初，他成为以善终收场的开国元勋。

 **成杰感悟**

"随风潜入夜，润物细无声。"

这是杜甫形容春雨的诗句，其实也可以用来形容水的美德。"利万物而不争"是水最大的美德，也是水最本质的特性。

水洗万物而自清，人利众生而自成。

水孕育生命，是人与动植物存活必不可缺的物质。可是，水却始终谦卑地流向低处，从不去高调地争夺什么。

我们做人也应该像水一样，默默地贡献出力量，滋润万物，不争名夺利。

那些名垂青史的人物，比如救民于水火的地方官、赈济灾民的大商人、抵抗外敌的将领……他们能够在关键时刻挺身而出，并非要沽名钓誉，而是凭借良知与美德为世间尽一分力。他们的行为像水滋润万物一样，使得这个世界变得更加美好。

鲁迅先生曾有言：我们从古以来，就有埋头苦干的人，有拼命硬干的人，有为民请命的人，有舍身求法的人……虽是为帝王将相作家谱的所谓"正史"，也往往掩不住他们的光耀，这就是中国的脊梁。

这些具有水之美德的人物，就是鲁迅先生所说的"中国的脊梁"。在当前这个浮躁的时代，我诚心诚意地向这些可敬的人学习。

忠：鞠躬尽瘁，死而后已，忠肝义胆

李燕杰曰

小时候，我读《三国演义》，最喜欢诸葛亮这个人物。他不但足智多谋，而且对主公刘备忠心耿耿。

后来，长大些了，父亲教我背诵诸葛亮的《出师表》，里面有这么一句："臣鞠躬尽瘁，死而后已。"我当时还小，不明白是什么意思。父亲讲，这是诸葛亮在出征北伐前给蜀汉后主刘禅写的一篇表章，这句话是他对皇帝表述自己对汉王朝的忠心：小心谨慎地贡献出全部力量，直到自己死去才停止。

我明白后非常感动。在我心里诸葛亮的形象更加高大了，因为他有着我们中国人所看重的美德——忠肝义胆。

后来我听说，在成都武侯祠里有一副别具匠心的对联：

收二川，排八阵，六出七擒，五丈原前，点四十九盏明灯，一心只为酬三顾。

取西蜀，定南蛮，东和北拒，中军帐里，变金木土爻神卦，水面偏能用火攻。

可以说，这副对联高度概括了诸葛亮一生的功绩，可谓是文能治国，武能安邦。

据历史记载，诸葛亮年少时，就自比管仲、乐毅，将两位贤相作为自己的榜样，树建功立业的人生目标。

东汉末年，诸侯混战，诸葛亮隐居隆中，躬耕陇亩，用他自己的话来说是"苟全性命于乱世，不求闻达于诸侯"。其实，胸藏锦绣的诸葛亮并非消极遁世，而是博览群书，关心天下大势，伺机以投明主。

当时，屯兵于新野的刘备还在依附刘表。在与司马徽的会面中，刘备得知当世能了解天下局势的俊杰，有"卧龙"诸葛亮和"凤雏"庞统。不久后，谋士徐庶又向刘备推荐诸葛亮，并且建议"将军宜屈尊以相访"。

刘备是个礼贤下士的人，加上求才若渴，便亲自前往隆中拜访诸葛亮。他去了三次才见到诸葛亮本人。

待到与诸葛亮相见后，刘备便请教他，自己有救世济民之志，该如何在乱世之中崛起。诸葛亮便对他陈述了"三分天下"之计，被后世称为"隆中对"。

刘备听后大喜，拜诸葛亮为军师，邀请他出山入幕。在此后的数十年里，诸葛亮提出的"隆中对"成为刘备建立蜀汉政权的基本国策。

诸葛亮自从找到明主刘备之后，全心全力地效力于刘氏政权，先后辅佐刘备、刘禅两代皇帝，可谓是忠心耿耿、日月可鉴。

在刘备成就霸业的前期，诸葛亮可谓呕心沥血、费尽心思。受任于败军之际，奉命于危难之间，诸葛亮从新野之战到长坂坡，从火烧赤壁到夺取荆州，乃至后来的西进巴蜀……他都凭借自己的多谋善断和坚强意志，辅佐刘备建立起蜀汉王国。

蜀汉建立后，诸葛亮作为国相兢兢业业、勤奋治政。

一则，诸葛亮厉行法治、严格赏罚，改变了蜀地之前混乱的政治局面，使社会秩序恢复正常。同时他还制定发展生产、安定民生的方针政策，使得蜀国的经济实力迅速增强。比如，他非常重视对水利设施都江堰的维护，专门设立堰官，并派出一千多名士兵保护都江堰。

二则，诸葛亮任人唯贤，提拔了一批德才兼备的官员，并且任命蜀地有声望的名流担任各种官职。这样一来，蜀汉政权很快就收服了蜀地的人心。

三则，诸葛亮非常重视民族关系。他虽然是以武力平定了当地少数民族的反抗，但是坚持尽可能少杀戮的安抚政策，以攻心战为主。比如著名的"七擒孟获"，诸葛亮七次活捉少数民族头领孟获，又七次将他释放，最终使得孟获心悦诚服地归降蜀国。

四则，诸葛亮时刻不忘复兴汉室，多次北伐。诸葛亮本来身体状况就不太好，加上他多次统帅三军，北伐中原，只为完成对主公刘备的承诺。可惜，由于国力的差距，这几次北伐虽然经过苦心筹谋，但都未能成功。直到建兴十二年（公元234年）的最后一次北伐，诸葛亮的身体再也支撑不住戎马生涯的劳累，病逝于五丈原，可谓是"出师未捷身先死，长使英雄泪满襟"。

诸葛亮为蜀汉操劳一生，耗尽了全部精力。千百年来，后人思及这段历史，无不为其命运而感慨，同时被其人格魅力所折服。历史上不乏德才兼备的人，但像诸葛亮这样具有高度人格魅力者，可谓绝无仅有。

诸葛亮所代表的不仅仅是我们中华民族的智慧，还有传统士大夫忠肝义胆的人格理念。纵观诸葛亮的一生，确实如其所言，做到了"鞠躬尽瘁，死而后已"。

· **国学镜鉴** ·

中国传统的文人士大夫，都有为国效忠的想法，其中不乏以身践行"鞠躬尽瘁，死而后已"者。

近代历史上，中国面临了千古未遇的大变局。当闭关锁国的封建社会遭遇开放强大的西方资本主义入侵时，国力上的巨大差距，导致中国这个古老的东方帝国被打得落花流水，节节败退却束手无策，从而进入屈辱的近代史。

在这段不堪回首的历史中，有很多忠肝义胆的中国士大夫以"鞠躬尽瘁，死而后已"的精神谱写出可歌可泣的历史篇章。

道光十八年（公元 1838 年），林则徐向道光皇帝上书言事，痛陈鸦片对中国人的毒害，谏言禁烟举措的必要性。林则徐讲，若放任鸦片流入中国，数十年后中原几无可以御敌之兵，且无可以充饷之银。道光皇帝读后深为所动，意识到鸦片之害已经流毒甚广，于是任命林则徐为钦差大臣，到广东查禁鸦片。

道光十九年（公元 1839 年），林则徐到达广州，开始查禁鸦片。在查禁过程中，林则徐遇到英国鸦片商人和中国买办的大力阻挠，他意识到在鸦片贸易巨大的利益面前，英国人绝不肯放弃这种带来巨大财富的罪恶贸易。

面对英国人的鸦片侵略和极力阻挠，林则徐意识到自己对西方的了解非常贫乏。这促使他最先从清王朝闭关自守的状态中觉醒，以全新的态度放眼看世界。

因为上到朝廷下至百姓都对西方世界了解甚少，所以林则徐开始有意识地收集外文报刊、书籍，聘请专人进行翻译，以求获得有价值的情报。这样不仅可以让朝廷和百姓了解"夷情"，还可以通过分析西洋各国的政治、经济、军事等方面的情报，达到"师夷长技以制夷"的目的。

林则徐不愧是我国近代史上伟大的爱国者和杰出的民族英雄，同时他也是中国近代传播西方文化、促进"西学东渐"的带头人物。

可惜的是，由于清王朝统治者的昏聩，中国在鸦片战争中战败，林则徐也被撤职查办。但是，林则徐并没有因为仕途的不顺而心灰意冷、消极避世。传统文人"鞠躬尽瘁，死而后已"的精神支撑他继续为国尽忠。

道光二十六年（公元1846年），林则徐任陕西巡抚。鉴于当地豪强遍野，"刀客"横行的状况，上任之初林则徐就以"除暴安良、严缉捕以靖地方"作为任职期间的首务。他对地方官吏兵勇剖析开导，极力破除各种陋习，增强他们缉匪的勇气和信心，他严令地方大力抓捕"刀匪"并从严惩处。

镇压了"刀客"后，为了安抚地方，林则徐采取了一系列的赈灾措施。比如，官府收养那些极贫户与老弱病残者；官府向贫民平价卖出一百多万石存粮；官府出面劝地主富户救济其所在村寨的贫困户。同时，林则徐多次上奏章，请求朝廷缓征钱粮。通过种种举措，林则徐让陕西的局势得到稳定。

林则徐非常重视边疆防务。他不顾年高体弱，西域遍行三万里，实地勘察新疆各地，加深对西北边防的认识。

根据多年对新疆地区的考察，结合当时沙俄胁迫清政府开放伊犁的行为，林则徐认为沙俄对中国的威胁巨大，因此他明确地向伊犁将军布彦泰提出"屯田耕战"的策略。即便是临终之时，林则徐还大声疾呼告诫国人：终为中国患者，其俄罗斯乎！吾老矣，君等当见之。

历史证明了林则徐的超前眼光，在此后的数十年里，由于清王朝的无能，沙俄先后吞并了中国数百万平方公里的领土。

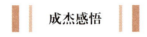

成杰感悟

"苟利国家生死以，岂因祸福避趋之。"

这是我们民族英雄林则徐的诗句。他的一生，践行了为国忠诚的思想。

"忠"字，就是把心放在正中，不上不下、不左不右、不偏不倚，自己所坚守的信念和原则稳如泰山、坚如磐石。简单来说，忠就是一以贯之的行为。

我们中国人历来不缺乏忠的品质。不管是"位卑未敢忘忧国"的平民百姓，还是"捐躯赴国难，视死忽如归"的士兵将领，他们都是精忠报国的"大人物"！

忠的文化传统即使在当今社会，也具有极强的价值和积极的意义。

忠的文化传统是协调现代社会人际关系的最好工具。

有了忠，人与人之间增强了互敬、互信，人际关系变得友善、稳定；

有了忠，增强了人们对家庭和社会的认同感、归宿感，激发了人们的社会责任感、使命感；

有了忠，有利于化解人与人之间的矛盾，振奋人们团结奋斗的精神。

在逆境里，人们会被忠激发出强大的战斗力；在顺境下，人们更会因为忠而进步迅速，势如破竹。

我们中国的传统文化生生不息，忠诚的品德也必将以历史为载体被中华子孙永世流传。

信：民无信不立

· 李燕杰曰 ·

儒家经典《论语》里，记载了很多孔子和学生们的对话，多为求教治理国家的问题，孔子给予回答。

有一次，子贡问孔子："老师，一国之君该怎样维护国家的长治久安呢？"

孔子说："让国内粮食充足，让军事力量强大，让老百姓信任国君。"

子贡问道："如果这三项里一定要去掉一项，那么先去掉哪一项呢？"

孔子说："去掉军备。"

子贡说："如果必须再去掉一项，那么这两项中去掉哪一项呢？"

孔子说："去掉粮食。"

然后，孔子解释道："自古以来，人总是要死的。如果老百姓不信任国君，那么这个国家就无法存在下去。"

可见，在孔子眼中，统治者得到百姓的信任，比得到什么都重要。

后人总结了孔子的思想，便有了"民无信不立"这句至理名言。

从这句话里，我们可以看出诚信的重要性。

在春秋战国时期，最明白这个道理而且做得最好的人是以变法强秦而名垂千古的商鞅。

当时，在各个诸侯国中，秦国是比较落后的，中原各诸侯国都比秦国强，其他诸侯国先后从秦国夺去大片土地。鉴于此，秦国新即位的秦孝公决心发奋图强。

秦孝公亲自下了求贤令：不管是谁，只要能使秦国变得富强起来，本王不吝封赏。在这样的号召下，大批人才投奔于他，卫国的贵族公孙鞅（即商鞅）就是其中一位。

商鞅告诉秦孝公，要想富国强兵就必须变法，如大力发展农业，注重军事建设等。在变法中，最重要的是统治者要赏罚严明，建立起威信。有了威信，变法就更容易进行了。

秦孝公采纳了商鞅的意见，拜他为左庶长，委托政务给他。

　　商鞅在进行变法之前，担心秦国老百姓不信任他，就想出一个绝妙的方法。商鞅派人在都城南门竖起一根木头，下令：有谁能把这根木头扛到北门去，就赏他十两金子。

　　围在南门的老百姓议论纷纷，大伙儿你瞧我，我瞧你，就是没有一个敢去扛木头的。因为大伙觉得，这根木头谁都扛得动，哪儿用得着十两赏金呢，大概是左庶长在戏耍大家吧。

　　商鞅知道老百姓还不信任他，就把赏金提高到五十两。看热闹的老百姓更觉得不合情理，更没人敢去扛木头了。商鞅并不着急，因为他相信"重赏之下，必有勇夫"。

　　果然，在大伙议论纷纷的时候，有个小伙子跑出来说："我来试试，大不了被戏耍一次呗。"说完，他把木头扛起来搬到北门。

　　商鞅见此情景大喜，立刻赏给扛木头那小伙子五十两金子。这件事马上引起轰动，秦国的老百姓们都知道左庶长是个言而有信的人。

　　商鞅顺势把他起草的变法内容公布了出去。新的法令赏罚分明，推行奖励耕战的政策：官员的官职大小和爵位高低都以战争中的功绩为准；贵族没有军功就没有爵位；老百姓能够多生产粮食、布帛者，免除劳役；因懒惰导致家境贫穷的，其本人连同妻儿都罚做官府的奴婢……

　　在种种举措之下，秦国上至贵族大臣，下到平民百姓，都积极投身于农业生产和军事建设当中。这样过了十年，秦国越来越富强，逐渐成为中原诸侯国中的强国，也为秦始皇统一六国打下了坚实的基础。

商鞅利用"南门立木"为自己树立起言而有信的形象，为变法提供了必要的舆论准备，使得秦国君臣百姓在赏功罚过的制度下服从法令，这充分证明了信用在治国上具有极其重要的作用。

· 国学镜鉴 ·

1911 年，辛亥革命爆发，正式拉开了清政府灭亡的序幕。

实际上，在此之前清政府上演的预备立宪及其后的皇族内阁闹剧，就已经埋下了清政府灭亡的导火索。

预备立宪是清政府为应付国内外压力而采取的措施。

国际上的压力来自欧美列强。当时，经过中日甲午战争和八国联军侵华战争，帝国主义意识到，他们企图瓜分中国的美梦是不可能实现的。于是，他们转而采取扶植清朝傀儡政权，采取"以华治华"的策略。从自身利益出发，列强要求清政府披上民主宪政的外衣。

国内的压力来自君主立宪派。十九世纪晚期，中国的经济结构和阶级结构已发生了明显变化，资产阶级的旧民主主义革命正在兴起，代表资产阶级和一部分地主官僚的君主立宪派应运而生，他们试图通过君主立宪的方式获得权力。

清政府觉察到，如果再不做出任何"革新"的表示，必将失去现有的统治地位。所以，为了苟延残喘，清政府准备实行预备立宪。

1905年清政府设立考察政治馆，不久后改建为宪政编查馆，作为预备立宪的办事机构。此后，清政府进行了一些预备立宪活动，比如设立谘议局和筹建资政院。

1908年8月清政府宣布：预备立宪以九年为限，同时颁布《钦定宪法大纲》。

1909年3月清政府下诏，重申预备立宪，命各省成立谘议局。

1910年10月在立宪派的要求下，清政府被迫将预备立宪期从九年改为五年，定于1913年召开国会，1911年先成立内阁。

1911年5月清政府宣布组成新内阁，由庆亲王奕劻任总理大臣。十三名国务大臣中，汉族官僚四名，蒙古旗人一名，满族八名，其中皇族又占五人。因此，新内阁被人们讽刺地称为皇族内阁。

立宪派非常气愤，提交了一份抗议书，要求清政府尽快于皇族之外选派大臣重组责任内阁，但清政府以强硬的姿态表示拒绝。在涉及统治权力时，清政府借预备立宪来欺骗国人，等到贵族集权、镇压民主革命的真面目完全暴露出来时，立宪派的幻想破灭了。他们加入到激进的民主革命队伍中去，中国的民主革命顿时高涨起来。

辛亥革命在不久后便推翻了清政府的统治，正是预备立宪的闹剧，正是清政府言而无信的表现，使得清政府彻底失去了人心，被革命的洪流掀翻。

"民无信不立"再一次得到了印证。

成杰感悟

古人云：民无信不立。这句话说的是诚信对一个国家的重要意义，同时这个道理可以用在企业上。

诚信是企业生存和发展的基石，诚信是一个人的第二生命。

为什么这么说呢？

企业要想生存、发展，对内必须具有强大的凝聚力，而诚信是增强企业凝聚力的不二法门。一家企业，如果将诚信作为企业文化的核心价值观，就能挖掘、提炼出员工都认同和自觉遵从的价值规范，就能将员工对企业的感情升华为强烈的责任心和自豪感，就能让员工自觉地将敬业爱岗精神转化为行动。这样一来，个体的积极性凝聚为整体，就增强了企业的生命力和活力。

同时，企业要想生存、发展，对外必须具有强大的吸引力，而诚信是增强企业对外吸引力的最大秘诀。一家企业如果将诚信作为畅游商海的原则，就能形成巨大的吸引力，赢得发展的机遇。随着其信誉度的不断提高，愿意与其合作的商家会越来越多；合作的商家愈多，信誉度愈高。这样相辅相成之下，企业必然会进入良性发展的轨道，事业蒸蒸日上。

所以，做到内诚外信的企业，才能拥有更多的客户，才能建立起共生共赢的合作关系。

仁：言富必先仁

· 李燕杰曰 ·

我喜欢书法，也喜欢研习历代著名书法家的作品，包括颜柳欧苏、真草隶篆。

我曾经研习过明朝书法家董其昌的作品，他是中国书法史上很有影响力的书法家，对后世影响很大。

董其昌十七岁开始学习书法，最早学习颜真卿的书法，后来又遍学诸家，广泛吸取唐、宋、元几个朝代中名家的优点，取得了超凡的艺术成就。

当时，最为流行的是宋元时期赵孟頫的松雪体。董其昌以其淡雅的风格独辟蹊径，独树一帜，据说当时他的书法已达到

"片楮单牍，人争宝之"的程度。

这么一位艺术大家，还乡之后却未能做到严于律己、"言富必先仁"，因此发生了有名的"民抄董宦"事件，给自己招来祸端。时为明万历四十四年（公元 1616 年）春天，由于自己没有做到育人有方，所以因家人的不慎，做出愧对乡里之事。于是被煽动的读书人把董府围住，两方大打出手，场面混乱。最后将董府数百间画栋雕梁、朱栏曲槛的园亭台榭尽数付之一炬。十九日，乡民将董其昌建在白龙潭的书园楼居焚毁，还把董其昌手书"抱珠阁"三字的匾额沉在河里。

• 国学镜鉴 •

在清代，四川商人肖永升可谓"为富而仁"的代表性人物。

康熙年间，肖氏家族定居于四川富顺县，通过农业生产和经营酿造业发家致富。有了资本后，他们又从事食盐贸易，建立盐号，委派可靠之人经营，获利颇丰。经过数年的苦心经营，到了肖永升当家时，收入可谓是日进斗金，终于成为富甲一方的士绅。

肖永升为富而仁，在家乡一带乐善好施，传为佳话。

肖永升善待孤寡老人和贫困百姓，他发放米牌，这些人可到指定地点免费领到大米；他还发钱折子，贫困者可到指定地点领取救济金。

肖永升善待宗族和同乡。他在家乡开办启蒙学堂，取名端蒙馆，聘请优秀的夫子执教。肖氏家族里的贫困子弟或本乡本土的贫困人家子弟，都可以免费入学。他还修建了一个药铺，聘请医生坐堂，本乡本土的贫困人家可以免费看病、抓药。

肖永升还积极修建文庙。他与子侄一起修了九里十湾三大寨，这样可以让其后代各守其业。

肖永升还热心于全县的公益事业。沱江河流经富顺县，两岸的人们来往通商都要靠船，肖永升就自费购买了十二艘渡船，停泊在县城各个渡口，供过往的行人免费使用。后来，他还在附近修建肖家码头、购买船只，免费让行人渡江。

从道光二年（公元1822年）至道光五年（公元1825年），自然灾害频繁发生，给富顺县的老百姓带来了极大的灾难。一时间，米珠薪桂、饥民遍野。

肖永升花高价从外地购买了大量的粮食，装满了百余艘大船，浩浩荡荡地回到四川。他把船队装载的粮食以低于市场的价格出售给灾民，但由于灾民人数太多，时常发生抢米事件。肖永升就亲自主持，在街头施舍稀饭、干饭，安抚灾民。肖永升的救灾壮举，在拯救受灾乡民的同时，又平抑了米价，缓解了灾荒，深受乡人的颂扬。后来，他因此善举而被清政府诰封为"朝议大夫"。

在"言富必先仁"的良好家风的教育下，肖氏家族兴旺发达了一个多世纪。很多子弟承先祖之美德，奋发向上，在各行各业中表现突出，为新中国的建设做出了巨大贡献。

▌▌ 成杰感悟 ▌▌

李燕杰老师曾经专门研究范蠡、子贡这两位著名的商人，研究他们的经商、管理之道。为此，李燕杰老师还写过一副对联：

子贡经商取利不忘义，

范蠡贸易言富必先仁。

这副对联我印象深刻，也非常认同。看一个人是否富有，不是光看他有多少钱，而是要看他有多少仁。

一个能够"言富必先仁"的人，才是真正富有的人。

我们只要留心就会发现身边这样的例子有很多。当一个老板说要赚很多的钱，买更好的房子，开更好的车时，这个老板一直想的是他自己，他的财富往往会很快散去。相反，当这个老板说，他要让更多的人和他一样脱贫致富奔小康，和他一样有房有车，那么他的财富会越积越多，他的企业会越做越大。

对这一点，我深有体会。当我说我要用毕生的时间和精力去捐建 101 所希望小学时，不知不觉中，我身边出现了很多贵人，有亿万富翁，有上市公司的老总。他们愿意与我成为朋友，他们看中的不是我的成就，不是我的财富，而是一种"言富必先仁"的人生态度和一颗慈善之心。

第三章

修竹有情兰有怀：

国学里蕴藏的情怀

孝

百善孝為先

書贈吾兄

甲午秋

济：穷则独善其身，达则兼济天下

· 李燕杰日 ·

诸葛大名垂宇宙，宗臣遗像肃清高。

三分割据纡筹策，万古云霄一羽毛。

伯仲之间见伊吕，指挥若定失萧曹。

运移汉祚终难复，志决身歼军务劳。

我在幼年时就从长者口中听到过这首诗。起初，我不知道诸葛亮是何许人，但在我的心目中，他已经是智慧的化身。

后来，我在大学里讲中国古典文学。讲到唐诗时，李白、杜甫的诗都涉及诸葛亮。

如李白《赠友人三首》："岁酒上逐风，霜鬓两边白。蜀主思孔明，晋家望安石。"

如杜甫《八阵图》："功盖三分国，名成八阵图。江流石不转，遗恨失吞吴。"

我到各省市演讲时，只要遇到楹联就会抄下来，其中有很多是关于诸葛亮的。比如"《梁父吟》成高士志，《出师表》见老臣心"，再如"兴亡天定三分局，今古人思五丈原"。

多年来，诸葛亮早已在我心目中打下了深深的烙印。特别是在京剧《空城计》中，他那羽扇纶巾的形象，是我永远不会忘怀的。

后来，我认真读了《诸葛武侯集》，从他的诗文中，我更加感受到了他的伟大。《隆中对》《前出师表》《后出师表》，这"一对""二表"，都是让人百读不厌的经典之作。

诸葛亮的谋略中，对后人影响最大的就是这"一对""二表"。

《隆中对》是诸葛亮治国安邦的谋略大纲，他为了复兴汉室、统一中国，可谓竭尽心力。所谓"纲举则目张"，正是因为有了这"一对"，诸葛亮才能够辅佐刘备，经略蜀地，形成"三分天下"的局势。

《前出师表》表达的是勤政、廉政的思想。为了实现全国统一，诸葛亮在平息南方叛乱后，决定北上伐魏。他在临行前上书后主，以恳切委婉的言辞劝勉后主要广开言路、严明赏罚、亲贤远佞，以此兴复汉室；同时也表达自己以身许国、忠贞不贰的爱国情怀。

《后出师表》表达的是兴邦建业、积极进取的精神。此时正值诸葛亮第一次北伐中原未取得预期成果之时，为消除各方阻碍，在第二次北伐临行之际，诸葛亮向后主刘禅献上了这篇《后出师表》，重点放在了军事方略的表达以及对此次北伐持反对意见者的驳难上。

《隆中对》《前出师表》《后出师表》可谓代表了诸葛亮一生完整的谋略纲领。

另外，值得研究的是诸葛亮的另一种思想——"穷则独善其身，达则兼济天下"。

诸葛亮是一位具有人格魅力的智者。一个没有人格的人一定是缺少魅力的人，一个没有魅力的人，即使有才能也难以发挥作用。在中国封建社会中，价值取向有"入世""出世"之分，这又与前者所说的穷则独善、达则兼济统一相合。

诸葛亮处在一个十分复杂的社会环境中：政治腐败、经济凋敝、战乱频繁。在这样的社会环境中，诸葛亮能保持清醒的头脑，可谓是大智大慧。诸葛亮的高尚理想与卓越才能相统一，他能为刘备、刘禅两位皇帝安邦定国、旷世济民；面对曹魏、孙吴能指挥若定、审时度势。他从点到线，从线到面，抓住了事物的主要矛盾，先易后难、循序渐进，积小胜为大胜。特别是在他"奉命于危难之际"时，必须有大仁、大智、大勇，只有三者结合起来，才能在纷繁复杂的情况下取得胜利。

"穷则独善其身，达则兼济天下"这句话，让我受益匪浅。

在"文革"的时候,我被打入牛棚。在那种环境里,很多人都对未来失去了希望。进入牛棚的这些人,有的跳楼,有的卧轨,但是我没有自暴自弃,而是利用这段时间做了力所能及的事。

那会儿我三十六岁,是劳改队里面年龄最小的,别人都六七十岁了。我积极帮助那些年纪大的老师,尽量帮他们多干些活儿。

晚上,不能念书怎么办?我就开始编写《毛泽东诗词详注》《鲁迅诗歌详注》。

后来,我结识了一位七十多岁的老心理学家——林传鼎先生。我看他一把年纪还要劳动,就给他建议:"您这么大岁数,抬煤太累了。我正在编书,跟劳改队的队长说一声,可能会照顾咱们,让您给我刻钢板。"

老先生同意了,我就找了队长,然后我们两个人开始正式编写《毛泽东诗词详注》。

在那个时代,编写关于毛主席诗词的书是极有风险的,因为一旦弄错了一个字就是很严重的问题,所以我在劳改空隙时间就骑车到很多单位走访,寻找研究毛主席诗词的权威人士。

结果,我还真找到了一位专家——曾给毛主席编辑书稿,担任过钱锺书著作编审的周振甫。周振甫就帮我逐字逐句地修改了一遍。

"文革"结束后,这份由我编著、林传鼎刻印、周振甫修改的原稿成了"文物"。

· 国学镜鉴 ·

中国古代的士大夫们多用"穷则独善其身，达则兼济天下"来要求自己。宋代文豪苏轼便是其中的代表人物。

苏轼曾经是震惊北宋文坛、政坛的风云人物。

嘉祐元年（公元 1056 年），苏轼和弟弟苏辙随父亲苏洵出川，千里奔赴京师参加朝廷的科举考试。父子三人沿江东下，于次年进京并参加科举。

在这次考试中，苏轼以其潇洒不羁的文风，引起了当时的主考官、文坛领袖欧阳修的注意，苏轼的应试文章《刑赏忠厚之至论》得到了欧阳修的赏识。

欧阳修本想点苏轼的文章为头名，但是他误认为该文是自己的弟子曾巩所作，为了避嫌只点了第二。等名次揭晓后，他才知道是误会了。欧阳修对苏轼的豪迈、创新极为欣赏，并且预言："此人可谓善读书，善用书，他日文章必独步天下。"

在欧阳修的大力推崇下，苏轼名满京师、声名大噪。此后，他每有新作，便引来士林中人争相传诵、传抄，一时间洛阳纸贵。

嘉祐六年（公元 1061 年），苏轼应中制科考试，即通常所谓的"三年京察"，入第三等，为"百年第一"，授大理评事、签书凤翔府判官。

数年之后，王安石上疏变法。这就使得苏轼此后的人生由

"达"转向"穷"。

王安石变法之初，是顶着巨大压力进行的。欧阳修及苏轼的许多师友都反对新法，与新宰相王安石政见不合被排挤出京师。苏轼自然也被归于"旧党"之列，从此开始了坎坷的仕途之路。

苏轼先后三次遭到贬谪。第一次被贬谪到黄州（今湖北黄冈）；第二次贬谪到岭南的惠州（今广东惠州）；第三次最为遥远，被贬谪到海南岛的儋州（今海南儋州市）。

在宋代，海南岛还是一个地处边陲、闭塞落后的荒岛，有"天之崖、海之角"之称。这里瘴气横行，不乏毒蛇猛兽。官员被贬谪到此处，无异于被判死刑，多半会客死异乡。

面对生死未卜的前途，苏轼依然能够乐观地看待，超然物外。他认为，在以往"达"的时候，可以"兼济天下"；如今"穷"的时候，则可以"独善其身"！于是，他就在海南岛安心生活，并且最大限度地给这里带来积极的影响。

苏轼看到当地民众生活艰苦，只能饮用咸滩积水，常年患病。他就亲自带领乡民挖了一口井，让当地人喝上了干净的地下水，并且让乡亲们改变了饮水习惯。

苏轼见到当地恶疾流行，老百姓缺乏医学常识，只能通过巫医治病。他就采集当地的草药，为百姓开方治病。

苏轼不仅改变了海南人的生活习惯，还帮助他们学习科学文化知识。他在儋州开办学府，自编讲义，传授诗书。据历

史记载，海南岛第一个考中举人的姜唐佐就是苏轼的得意
弟子。苏轼的传道授业，让海南岛这片蛮荒之地有了文化的
启蒙。

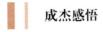

成杰感悟

有人把现在的年轻人比作"草莓族"，意思是外表光鲜亮
丽却承受不了挫折。

很多年轻人经不起逆境的考验，其实逆境也是生命的一段
历程，期间虽无所成就，但可以沉下心事思考人生。

在这点上，有一句话非常有用："穷则独善其身，达则兼
济天下"。

逆境是命运对每个人的考验。在逆境中，有的人意志消
沉，变得毫无进取心；有的人被激发出前进的动力，不断磨炼
自己的意志，最终变得更加强大。

在逆境中，我们要学会用三位古人的诗句和经历来激励
自我。

我们要学习苏轼"一蓑烟雨任平生"的豁达。心胸豁达的
人是真正掌握命运的强者，当你用乐观的心态积极面对逆境
时，才有可能战胜困境，走向成功。

我们要学习李白"天生我材必有用"的自信。充满自信的

人才能在逆境中做到自强不息、积极奋斗，只有自信才能让人更好地发挥潜能，把握住取得胜利的机遇。

我们要学习郑板桥"咬定青山不放松"的坚忍。有坚忍性格的人比其他人更能够忍受逆境，更耐得住寂寞，从而熬过艰难时世，用自己的努力坚持换取最终的胜利。

静：淡泊以明志，宁静以致远

· 李燕杰曰 ·

诸葛亮在我心目中是智慧的化身。他的作品，除了《隆中对》《前出师表》《后出师表》这"一对""二表"外，《诫子书》也是脍炙人口的名篇。

这篇文章短小精悍，可谓字字珠玑。

夫君子之行，静以修身，俭以养德。非淡泊无以明志，非宁静无以致远。夫学须静也，才须学也，非学无以广才，非志无以成学。慆慢则不能励精，险躁则不能冶性。年与时驰，意与日去，遂成枯落，多不接世，悲守穷庐，将复何及！

这里面，让我印象最深刻的句子就是"非淡泊无以明志，非宁静无以致远"。用我们现代人的话来讲就是，人需要恬静寡欲方可有明确的志向，需寂寞清静才能达到更加深刻的境界。

这篇文章，是诸葛亮临终前写给八岁儿子诸葛瞻的一封家书。诸葛亮为了辅佐刘氏匡复汉室，鞠躬尽瘁，死而后已。他平日里日理万机，北伐时戎马倥偬，顾不上教育儿子，便写下了这封书信来告诫诸葛瞻。

这篇文章及其中透露出来的睿智思想，让我有了很多感悟。气要平和，量要阔大，志要坚实。

当你遭遇几次严重打击后，当你准备退缩时：如果你是强者，就应朝着预定的方向再跨出一步，这也许要付出十倍的代价，但有了这一步的前进，胜利也许就属于你。真正的强者并不是要压倒一切艰难困苦，而是不向任何艰难困苦屈服。

世界上最值得称赞的是那些能透过今天看到明天的人。一个人，无论是相信命运，还是不相信命运，都不能屈服于命运。

弱者，拜倒在命运脚下；强者，千方百计掌控命运。生活的强者是敢于向命运挑战的人，只有敢于向命运挑战，才可能成为掌控命运的人。怨天尤人是弱者的行径，强者从不抱怨生活，绝不浪费自己只拥有一次的生命。面对烦恼，挥挥手；面对未来，阔步前进。

顺境能产生幸运儿，逆境才能产生"大丈夫"。顺境，对自己要求要严；逆境，自己的心态要放宽。

远望方知风浪小，凌空乃觉海波平。

人生在世，在告别人生时，值得追忆、回味的并不是鲜花与掌声，而是战胜重重困难的勇气、意志和智慧。

与其于泥潭里怨天尤人，不如于洪流中搏风击浪。在困难面前仍能心平气和、精神畅快、饮食有度、劳逸结合，必然是乐观主义者，乐观利于成功。一个豁达的成功者，不是熬过艰辛去乞求幸福，而是在艰辛中奋斗，去创造幸福。乞求别人给予幸福，会离幸福越来越远；那些战胜困难获得幸福的人，本身就生活在幸福之中。

凡成就大事业的人，都有这样的特点：不为穷变节，不为贱易志。安危不二其志，险易不革其心。

· 国学镜鉴 ·

"淡泊明志，宁静致远"是古人的经验之谈。凡是立大志、成大业者，多半会主动选择恬静寡欲的生活。不排除杂念干扰，就无法明确和实现远大目标。

宋代的两位著名政治家、文学家范仲淹和司马光，在这方面做出了表率。

范仲淹幼年时，便有意识地保持恬静寡欲的生活，拒绝了拥有更好生活条件的诱惑。

那个时候，出身贫寒的范仲淹寄身于一家寺院中，刻苦攻读。在寺庙读书期间，范仲淹将自己关在屋内，手不释卷，通宵达旦地诵读儒家经典。生活上则是"断齑画粥"，范仲淹每天晚上用糙米煮一盆粥，等到第二天早晨粥冻成一坨，他就用刀划成四块，早上吃两块，晚上吃两块。没有蔬菜，他就切一些咸菜下饭。

后来，范仲淹的一个同学来探望他，见他生活如此艰苦却依然刻苦学习，非常感动，回家后就对父亲说了范仲淹的事情。同学的父亲听说后非常震动，就吩咐家人做了一些肉食，叫儿子带给了范仲淹。范仲淹却坚决推辞。他以为范仲淹不好意思当面吃，便放下东西回家去了。

过了几天，那个同学又来探望范仲淹，意外地发现自己送的肉食已经腐烂了，而范仲淹没有动过一筷子。他又好气又好笑，就责备范仲淹浪费。范仲淹正色道："我也馋肉，但我不能吃。因为我平日里过得艰苦，如果吃了你送的肉食，那么以后就再也不能安心地过艰苦的生活了。这样一来，我怎么能安心读书呢？"正是凭着"断齑画粥"这种刻苦读书的精神，范仲淹终于金榜题名，在政坛大展宏图，成为宋代著名的文学家、政治家。

司马光在步入仕途之后，依然保持着恬静寡欲的生活，同样拒绝了拥有更好生活条件的诱惑。

那时，北宋已经承平日久，士大夫群体中已经兴起奢侈攀比之风。官员们在请客的时候，宴席上要是没有摆出琼浆玉液、山珍海味、时鲜果品，就会被人嘲笑。所以，要请客的人家，往往提前数月准备，满京师地搜寻佳酿、珍禽、果品。

在这种日益奢侈的世风之下，司马光却始终坚守"淡泊明志、宁静致远"的原则，从不铺张浪费，过着节俭的生活，不惜被人嘲笑为吝啬。司马光如此，一方面是他性情淡泊、不尚奢华；另一方面也是他懂得"由俭入奢易，由奢入俭难"的道理。

在司马光开始编著《资治通鉴》后，为了完成这部编年体史学巨著，他变成了一个穴居（居住在洞穴中）之人。他在洛阳的宅邸内挖了一个地下室，埋头著作，不为外界的纷纷扰扰而分心，只是一心著述。

正是以这种"淡泊明志，宁静致远"的精神，司马光完成了这部编年体史学巨著，为后人留下了宝贵的文化遗产。

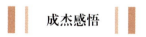

成杰感悟

有时候，一句话就可以影响一个人对世间万物的看法。

"淡泊明志，宁静致远"是中国传统文化中修身养性的一种境界，只有淡泊、宁静的人，才能洞察凡尘，才能高瞻远瞩。

　　淡泊并非缺乏进取心，而是为人恬淡、超脱，以平常心去面对人和事。恬淡是一种境界，是规律地生活，放松身心，不断升华自己的精神，最终达到平衡的境界。

　　宁静是从容自如地轻松淡定，不贪念、不纠结，不纠缠于过多的烦扰和困惑。只有成熟的人才会体悟到寂寞的真滋味，才能在寂寞中去参悟人生的意义。

　　人生在世，有起有落，是非常自然的现象。

　　人生无论苦与乐、成与败，都应保持一颗平常心。看一个人的心志是否成熟，就看他是否有一颗平常心，是否可以在喧嚣纷扰中拥有淡泊、宁静的心境。

美：宁可枝头抱香死，不随落叶舞西风

· 李燕杰日 ·

我小的时候，父母亲就对我说："走正路不走斜路，走活路不走死路。"

抗战时期，我家即使穷得吃不上饭，我也坚持这个原则：不偷不抢，不干坏事。

后来我从事教育工作，经常给我的学生讲："道德是人类的第一智慧。"

在我的演讲之中，《德才学识与真善美》是影响较大的一篇。我记得 1982 年的春天，在上海，一周之内我做了六场演讲。当时，上海的报纸用了"盛况空前"这样的形容词，还有

报道说：头一天在演《姿三四郎》的时候，上海是"路不拾遗"；这次李燕杰来到了大上海，是"夜不闭户"。

还有一次，我从上海虹桥机场坐飞机回北京。机场验票员一看是我，就惊呼："李燕杰！"结果，他们硬是给我改签了机票，一定要请我在机场现场讲上一场。

那个时候的人们，就是这么向往高尚的品格。

历史上有不少道德高尚的人。"不为五斗米折腰"的陶渊明，就是其中具有代表性的人。

陶渊明是东晋的大诗人，才华横溢。因为出身官宦世家，曾祖父是东晋大司马陶侃，所以陶渊明在年轻的时候就立下济世救民的志向。

那时，东晋面临内忧外患，统治阶级昏庸腐败。陶渊明看到现实社会的污浊黑暗，自己远大的抱负无法实现，内心愤懑不已。

陶渊明性格耿直，不愿向权贵卑躬屈膝。但是为了生存，他也不得不做一些地位不高的官职。

东晋义熙元年（公元405年），陶渊明在朋友的劝说下，出任彭泽（今江西省九江市）县令。这一天，上级派人来彭泽办事，陶渊明没有做什么特别的准备。有人就跑来告诉他：你在官场上，要想升官，必须讨好上级。所以，你最好穿戴整齐，恭恭敬敬地去迎接那个人。

陶渊明听后，默然不语。半天，他长叹一声："唉！我怎么能为了县令的月俸五斗米，向那些贪官污吏低声下气呢？"
然后，他就辞掉官职，回家去了。这一走，他便永远脱离了
官场。

只因"不为五斗米折腰"，陶渊明保住了人格的尊严，获
得了后人的尊敬。"不为五斗米折腰"也成为"气节"的代
名词。

我在给学生们讲课的时候，多次讲过陶渊明的故事。我
说，一个人的能力，决定他能走多高；一个人的品德，决定他
能走多远。如今的时代，金钱至上，物欲横流，不少人为了升
官发财，不择手段，我们应当坚决抵制，绝不随波逐流，就像
陶渊明那样——宁可枝头抱香死，不随落叶舞西风。

· 国学镜鉴 ·

汉代的苏武，出使匈奴，被扣押十九年，坚贞不屈，始终
不曾投降于匈奴，堪称"宁可枝头抱香死，不随落叶舞西风"
的典范。

苏武，字子卿，杜陵（今陕西省西安市）人，朝廷官员苏
建之子。天汉元年（公元前100年）拜中郎将，是一个文武
双全的人。

当时，汉朝和匈奴两强并立，双方时战时和。

天汉元年（公元前 100 年），匈奴的新单于即位，表现出对汉朝的友善。汉武帝派遣苏武率领一百多人，带上丰厚的财物出使匈奴。

出使匈奴本来很顺利。可是，在汉朝使节团准备回返时，匈奴内部发生了政变。匈奴单于怀疑汉朝使节团牵连在内，就把苏武一行扣留下来。

单于对苏武威逼利诱，要求他背叛汉朝，臣服于匈奴。苏武不惜以死抗争，但是自杀未遂，被抢救了过来。

等苏武伤势好些，单于就派人劝降苏武，许给他高官厚禄，但都被苏武严词拒绝了。

单于见利诱不成，便开始威逼。他囚禁苏武，将其关入地窖，禁绝他的饮食，想迫使他屈膝投降。这时候，天上飘下鹅毛大雪，苏武就咀嚼雪花，和着自己衣服里的毡毛一起吞下，顽强地活了几天。

单于又惊又怒，就把苏武流放到北海，让他放公羊，说等公羊生了小羊才能放他走。

苏武在北海找不到粮食，只好挖掘田鼠洞穴，靠田鼠储藏在洞里的果实维生，过了五六年。单于的弟弟到北海打猎，见苏武善于编织打猎的网，能够矫正弯了的弓箭，高兴之下，就供给苏武衣服和食物。后来，单于的弟弟还赐给苏武马匹、牲畜。可惜，在这位亲王死后，匈奴人偷走了苏武的牛羊，让他再度陷入困境之中。

但是苏武并没有屈服，仍然顽强地活着。

期间，曾与苏武一起在汉朝为官的李陵投降匈奴。在单于的委派下，李陵到北海劝降苏武。他对苏武讲：我来的时候，你的母亲已经去世；你的妻子年少，已经改嫁；你的哥哥和弟弟都因小过错被逼自杀；不知道你家里其他人是死是活……这么多年来，你为什么还要让自己受苦呢？苏武虽然悲痛万分，但坚决不投降。

后来，李陵再次来到北海，告诉苏武：汉武帝驾崩了。苏武听后大哭、吐血。

汉昭帝始元六年（公元前81年），在大汉王朝的坚持下，匈奴只得放了苏武。至此，出使匈奴十九年的苏武终于回到了他日思夜想的故国。离开时正值壮年的他，归来时已须发皆白、步履蹒跚。在长安，苏武受到全城百姓的热烈欢迎。苏武始终拿着陪伴自己十九年的代表汉使身份的节杖。由于长期持握，节杖上的毛已经全部脱落。

成杰感悟

翻开古今历史画卷，可以说是高山巍峨，群星闪烁。

那些大有作为的历史人物，都具有高尚完美的品德。从屈原、司马迁，到鲁迅、闻一多，没有一个不是品德高尚者。

他们坚持真理，主持正义；他们忠于祖国，热爱人民；他们不慕荣利，不畏强暴。

"宁可枝头抱香死，不随落叶舞西风。"这就是对他们高尚人格最好的写照。

伟大的人物是这样，普通人也应当如此。

古人云："取法乎上，仅得其中；取法乎中，仅得其下。"

所以，我们必须对自己从严要求，使自己成为一个正道直行、品德高尚的人。

一个人品近于伟大的人，在事业上也近于伟大。

君子不羡人之富贵，而羡人之人格；不羡人之高龄，而惜自己德之未修，业之未成。

一个没人格的人，在死后把碑树得再高，也不过是空占一块土地的石头。

一个德高望重的人，是用自己的生命写下德业，立在人们心中，是心碑，也是丰碑。

一个有人格的人，是有正义感的人，是有成功实力的人。

一个成功者，或渴望成功者，既要讲人格，也要讲国格。

一个既无人格，又无国格的人，即使成功一时，也必将耻辱一世。

真：荣辱不惊，看庭前花开叶落

· 李燕杰日 ·

幼时我读冰心的《寄小读者》，里面有这样几句话给我留下了十分深刻的印象：

她（母亲）的爱，使我由生中求死——要担负别人的痛苦；使我由死中求生——要忘记自己的痛苦，生命中的经验，渐渐加增，我也渐渐地撷到了生命花丛中的尖刺。在一切躯壳和灵魂的美丽芬芳的诱惑之中，我受尽了情感的颠簸；而"到底为谁活着"的观念，也日益明了……

从这些真情的话语中，我悟出了一个道理：人生在世，把自己的喜怒哀乐置之度外，人就会变得较为超脱，心境也就变得较为安详，这样可以保持自己的赤子之心、纯真之情。

在十年"文革"期间，我靠着这种心态，让自己做到宠辱不惊，熬过了那段岁月。

造反派来抄家，我就遇到过好几回。但是，我心态好，不但没有想不开，反而得到了很多人暗中的帮助。

那时候，作为劳改犯，我们的房间是不准锁门的。有一天半夜，我突然听到门响，以为又是红卫兵抄家来了，就坐起来等着。等了半天，没有动静。我起来一看，在厨房的案板上有一包鸡蛋和一张字条，上面写着：

"燕杰老师：相信群众相信党，不断革命望保重。请您饿了的时候吃鸡蛋，煮熟了的。"这让我非常感动。我觉得有人留下这张纸条，说明人心还是善良的，这个混乱的时期终究会过去的。

1970年，我被召回北京师范学院。后来，很多在"文革"中受到蒙蔽，给我贴过大字报的学生都回到了学校，他们都跑过来向我道歉："老师，我们错了，向您赔礼道歉……"

对此，我都一笑了之。我愿意宽恕一切迫害过我的人，原谅那些被蒙蔽的孩子。就这样，我和那些在"文革"中粗暴对待过我的同学成了好朋友。

宠辱不惊这种人生态度，我们的前人总结过。在《菜根谭》和《小窗幽记》里，有这样的话："宠辱不惊，看庭前花开花落；去留无意，望天上云卷云舒。"

我们为人做事，对于自身受"宠"或"辱"，都要像看待花开花落那样；对于功名利禄的"去"或"留"，都要像看待云卷云舒那样。总之，是以平常心来对待。

寥寥数语，道出了深刻的人生态度，颇有魏晋名士的旷达风流。

同样的话，宋代的范仲淹是这样表达的："不以物喜、不以己悲。"

有人讲，这话说起来容易，做起来却十分困难。面对人生起伏，功名利禄，大家都是凡夫俗子，又怎能宠辱不惊呢？

其实，说白了很简单，就在于自我修养。只要你能够明确自身的价值，认清所要走的方向，不过分在乎别人对你的看法，就可以了。

女皇武则天在死后立了一块无字碑，千秋功过，留与后人评说，这就是宠辱不惊的最好表现。

我国著名的社会活动家赵朴初先生，他在遗作中写道："生亦欣然、死亦无憾。花落还开，水流不断。我今何有，谁欤安息。明月清风，不劳牵挂。"这也是宠辱不惊的最好表现。

・ **国学镜鉴** ・

宠辱不惊是古人衡量一个人修养的标准。

这个成语的典故，最早出自唐代的官员卢承庆。

卢承庆，字子馀，幽州范阳（今河北涿郡）人，他学识渊博且极富才能，在唐太宗时被任命为考功员外郎，专管官吏政绩考核。因为卢承庆公正、严明，所以深受官员们的敬畏。

有一次，朝廷的漕运船只出现了事故，损失了一批漕运粮米。卢承庆奉命调查此次事故的原因。他就叫来督办漕运的官员，问清楚事情的来龙去脉，原来是遇到了大风。卢承庆想了想，将考核结果写为"中下"。

那名督办漕运的官员看到这个评价，神色自若，没有提出意见便告辞了。

卢承庆事后考虑，认为粮船翻沉属于意外，并非全是一个人的责任。所以，自己给出的"中下"的考核结果未免太过严苛。再加上，他很欣赏那名督办漕运的官员从容的气度，就把那名督办漕运的官员叫来，将考核结果改为"中中"。

那名督办漕运的官员看到这个评价，依旧神色自若，没有提出意见便告辞了。

这下，卢承庆发自内心地对他大为赞赏，认为他宠辱不惊，毅然将考核结果改为"中上"。

对士大夫来说，"宠辱不惊"是极高的评价。

唐朝一代名相狄仁杰，也是因为有着"宠辱不惊"的表现，令许多人交口称赞。

狄仁杰是盛唐时期的贤明官员。他从基层做起，凭借高尚的品德与非凡的才干很快受到了朝廷的器重。

唐高宗上元二年（公元 675 年），狄仁杰被召入长安，任大理寺丞。不久，他就创造出令人惊叹的纪录：一年断案 17800 起，引起重大轰动。

女皇武则天登基后，非常器重狄仁杰。天授二年（公元 691 年）九月，她将狄仁杰提拔为地官侍郎、同平章事。

狄仁杰拜见女皇时，表现得非常从容，可谓宠辱不惊。

武则天先是奖励了他很多财物，并且许诺，如果狄仁杰在新的官职上做得出色，还会被破格重用。

狄仁杰听后，并没有激动的表现，只是按照礼节谢恩。

武则天忽然对他说："你在地方为官的时候，做出了很多政绩。可是，有人告发你的阴私，说你对朝廷有怨言。"

狄仁杰并不惊惶，也没有辩解，只是默默地听着。

武则天说："但是，我并不相信你有所抱怨，我认为是有人造谣中伤你。"

狄仁杰依然没有激动的表现，只是叩头谢恩。

武则天很好奇地问他："难道你不想知道是谁上奏章造谣中伤你的吗？"

狄仁杰答道："我不想知道。因为不管中伤我的人是谁，他都应该是我当成朋友对待的人，所以我情愿不知道。如果陛下相信那个人，那就请惩罚我。如果陛下相信我，那就是我的幸运。"

武则天非常欣赏狄仁杰的宠辱不惊，从此愈发看重他。

成杰感悟

"大梦谁先觉？平生我自知。草堂春睡足，窗外日迟迟。"这是三国时诸葛亮的一首诗。

"采菊东篱下，悠然见南山。"这是东晋诗人陶渊明的吟咏。

"行到水穷处，坐看云起时。"这是唐代诗人王维的名句。

这些诗句都描绘出一种悠然自得的生活状态，这也是古人常见的生活状态。

但是，它对我们当代人来说似乎是一个很难达到的高标准。大多时候，现代人对生活的感觉就是一个字"累"。

官员忙着出政绩，累；商人忙着挣大钱，累；农民工忙着打工，累；教师忙着升学率，累；学生忙着各种考试，累……几乎所有人都觉得不堪重负，哪里有闲工夫去看风景？

大家都在郁闷：为什么我们的生活负担日益沉重，内心感到压抑，精神逐渐变得空虚、浮躁？

答案很简单：面对外界的诸多诱惑，我们无法做到宠辱不惊。

我们太过于看重事业的成败，人际的是非，功名利禄的得失。一旦事业受到挫折，与人发生恩怨纠葛，欲望得不到满足，我们就会异常地失落、失意乃至失志，总之是心理失衡，这就会活得"累"。

想要防止心理失衡吗？那就多学学古人：宠辱不惊，看庭前花开花落；去留无意，望天上云卷云舒。

情：采满红豆休说梦

· 李燕杰曰 ·

《诗经》是国学经典，属于儒家五经之一，我曾讲过多次。

在《诗经》中，很多诗歌都是讲述情感的，囊括了各类珍贵的情感——亲情、爱情、友情。

中国自古以来就是一个重感情的国度，所以我们的文学作品也是温情脉脉的。

我们中国人重视亲情。在历代文学作品中，亲情都是一个浓墨重彩的主题。血浓于水的亲情，形诸语言，协以音律，便成诗章。《诗经》是中国诗歌的源头，也是中国古代亲情诗的源头。这些诗篇以形象、质朴的语言，写出了上古时代的浓浓亲情，体现出传统的父慈子孝、兄友弟恭、夫妇和睦的人伦理想。亲情诗凝结着丰富、深厚、美好、淳朴，维系着国家与民族血脉的传承，构成中国文学的华彩乐章。

我们中国人重视爱情。《诗经》中不乏描写和歌颂纯真爱情的诗篇。这些爱情主题的诗歌紧贴现实生活，感情真挚自然，表达了对爱情的渴望及强烈追求。《诗经》中的那些无名作者，用没有过于雕琢的语言，只是寥寥几笔，记录下一些平凡的事迹和朴素的情感，引导读者领略了先民的喜怒哀乐。

我们中国人重视友情。《诗经》中亦不乏描写和歌颂真挚友情的诗篇。那个时代的人，他们或许颠沛流离、天涯沦落，或许地位不同、身份各异，可是他们看重友情，为了一个承诺可以奋不顾身。在这些平实无华的语句中，蕴含着多少深情厚谊？

掩卷沉思，我在经历过《诗经》的洗礼后，悟到：

大千世界，有雨，也有风。人类社会，有爱，也有情。

人生漫漫，风风雨雨。生命，默默地走，慢慢地行。亲情、友情、爱情，三者融合，使生命之树长青，无论在阳光下，还是在风雨中。

亲情，基于血缘，没有条件，不讲价值。父母之爱，亲子之情，不图回报，伴着生命走向永恒。

友情，是友谊，是同志，是行进中的伙伴。为了学业、为了事业，志同道合、携手前行。共同经历着风和雨，迎着闪电雷鸣。

爱情，是男女双方基于爱的真诚，彼此交出一颗心，互相关爱，相互帮助，有坚贞，有永恒。

亲情，往往体现出一种深度。友情，往往体现出一种广度。爱情，往往体现出一种纯度。

人的一生应当既有亲情、友情，又有爱情。三者结合，形成情深义重。

人在异国他乡，望着一轮皎月，往往会引发思乡、思亲之情，这是难以解脱的乡愁与无法割舍的亲情。李白有诗："床前明月光，疑是地上霜。举头望明月，低头思故乡。"

人在旅途中需要爱情，不只是生儿育女繁衍后代，而是情感的交流。人在逆境中，更需要进行感情的倾诉。王维有诗："红豆生南国，春来发几枝。愿君多采撷，此物最相思。"

人需要爱！爱人在离别后必然有相思。莫道人生如梦，休说梦如人生。

• 国学镜鉴 •

《诗经》里的一些诗篇展现出人间真挚的亲情，《邶风·凯风》便是一篇描写母子亲情的作品。

凯风自南，吹彼棘心。棘心夭夭，母氏劬劳。

凯风自南，吹彼棘薪。母氏圣善，我无令人。

爰有寒泉？在浚之下。有子七人，母氏劳苦。

睍睆黄鸟，载好其音。有子七人，莫慰母心。

翻译过来就是：

和风煦煦起自南方，吹在嫩嫩的枣树芽上。枣树芽的心嫩又壮，母亲养儿女辛苦忙。

和风煦煦起自南方，吹得枣树可以当柴了。母亲贤惠又心地善良，我辈有愧不成才。

寒冷的泉水透骨凉，其源头在浚城墙外边。母亲养育儿女七个，她养育儿女多辛劳。

美丽的黄雀在歌唱，清脆、婉转多么嘹亮。母亲养育儿女七个，没有谁能安慰母心。

这首诗表现出儿子对母亲辛苦操劳的感恩，对自己不能侍奉母亲的愧疚。

非朴无以见其真，非直无以见其诚。这首诗朴实的语言恰恰是最能打动人心的。一般来说，诗歌内容是表现骨肉至情的，那么最理想的语言就是朴实无华的，最理想的表达手法就是直白朴素的。把亲情放在那里，让读者自己品味，就能获得最强烈的艺术效果，不需要任何多余的描写。

《诗经》里的一些诗篇，展现出人世间真挚的爱情。《国风·召南·关雎》便是一篇描写真挚爱情的作品。

关关雎鸠，在河之洲。窈窕淑女，君子好逑。

参差荇菜，左右流之。窈窕淑女，寤寐求之。

求之不得，寤寐思服。悠哉悠哉，辗转反侧。

参差荇菜，左右采之。窈窕淑女，琴瑟友之。

参差荇菜，左右芼之。窈窕淑女，钟鼓乐之。

翻译过来就是：

关关和鸣的雎鸠，停留在河中的小洲。

那美丽贤淑的女子，正是君子好配偶。

参差不齐的荇菜，要从左到右去采摘。

那美丽贤淑的女子，梦中醒来难忘怀。

追求她却得不到，醒着睡着都在思念。

那意味深长的思念，翻来覆去难入眠。

参差不齐的荇菜，要从左到右去采摘。

那美丽贤淑的女子，演奏琴瑟亲近她。

参差不齐的荇菜，要从左到右去采拔。

那美丽贤淑的女子，打击钟鼓取悦她。

这首诗赞美了男女之间纯真的爱，歌颂了坚贞不渝的爱情观，体现了一种人性美。它的语言朴实直接，写出了男子对美丽女子流露出的爱慕之情，求之不得时的焦躁心情，以及憧憬未来的喜不自禁，它让每一个暗恋中的男女都能够在这首诗中找到自己的影子。

《诗经》里的一些诗篇，展现出人间真挚的友情。《秦风·无衣》便是一篇描写诚挚友情的作品。

岂曰无衣？与子同袍。王于兴师，修我戈矛，与子同仇！

岂曰无衣？与子同泽。王于兴师，修我矛戟，与子偕作！

岂曰无衣？与子同裳。王于兴师，修我甲兵，与子偕行！

翻译过来就是：

怎能说没衣服穿？我与你同穿长袍。君王发动战争，修整我们的戈矛，与你同仇敌忾！

怎能说没衣服穿？我与你同穿内衣。君王发动战争，修整我们的矛戟，与你一起作战！

怎能说没衣服穿？我与你同穿战裙。君王发动战争，修整我们的盔甲兵器，与你一起前行！

这首诗歌颂了战友之间并肩作战、同仇敌忾的友情。读时仿佛看到了一排排精锐的秦军将士，随着咚咚的战鼓声，大跨步地踊跃向前，令人热血沸腾！

成杰感悟

我有个好习惯，随时随地学习、成长和精进。

我开过书店，曾经如饥似渴地阅读大量书籍，我最喜欢的就是散文、诗歌和企业家传记。

我国历史悠久，堪称"诗的国度"，诗歌是中华民族文明的重要标志。

诗歌就像我们人生的象牙塔，是铸就灵魂不可或缺的一部分。

人这一生，需要有点诗的灵性。

为什么呢？

因为诗可以提高我们的道德修养、文化素质、表达能力。

诗能陶冶情操，这点我想大家都不会反对。古时候流传下来的诗歌，大多体现正能量。这些诗歌字字珠玑，掷地有声，令人振奋、敬仰。读一首打动人心的诗，我们的心灵也能美好起来，我们会收获正能量和大智慧。

诗歌语言的最大特点是精练，诗人往往会用最少的字表达出最为丰富的思想和情感。多读诗可以让我们在生活中一语中的，展示出高水平的表达，受到听众的尊重。

在这个信息高速发展的社会，人们往往会以文化程度去衡量一个人的价值。我们应多读些诗歌，做一个有精神追求的人，不断丰富自身的文化内涵，塑造更加高大的形象。

第四章

立德立言立功：

国学中蕴藏的谋略

梅

暗香搏老兵
花缘之助花
玉为神

书赠
辛卯年

德才兼备堪大任，有才无德难重用：
曾国藩用人之道

· 李燕杰曰 ·

有一次，我跟学生聊天，学生跟我讲，他每次在公开演讲的时候都会提到我，感谢我对他的指点。

我对他说："我很高兴你能以这样的态度对待老师，能在台上感谢自己的老师，这是做人的根本，这就是感恩。你快五十岁了，也该收徒弟了，但要记住人品考察是第一位，千万不能随意。"

我收徒弟，非常看重他们的品德。自古以来，中国一贯重德：德才兼备，以德为先。

以前，我的父亲曾经给我看过《资治通鉴》里的一段话：

"夫聪察强毅之谓才，正直中和之谓德。才者，德之资也；德者，才之帅也。……是故才德全尽谓之圣人，才德兼亡谓之愚人；德胜才谓之君子，才胜德谓之小人……君子挟才以为善，小人挟才以为恶。"

当时我就萌生了一个强烈的愿望：今后我要从事教育工作，我一定要尽全力让我的学生成为德才兼备的人！

据我自己的经验总结：学生在学校时，无德少才，是次品；无才无德，是废品；有才无德，是危险品。人们在社会中，有才有德，是珍品；无德无才，是废品；有德无才，是可塑品；有才无德，是危险品。

在用人方面，我认为曾国藩的用人之道非常具有借鉴意义。

最近，我重新读了《曾国藩全集》和《曾国藩家书》。读完之后，我深深地感到其中有许多方面值得我们研究与思考。

对曾国藩的评价，我想先引述郭斌和《曾文正公与中国文化》中的几段话：

我国过去的教育目的，不在养成狭隘之专门人才，而在养成有高尚品格、多方发展之完人。求之西方，以英国牛津、剑桥两大学之教育理想，与此最为近似。

曾文正公，即我国旧有教育理想与制度下所产生的最良之果之一。故能才德俱备，文武兼资。

这些评价，我很赞同。曾国藩不仅要求自己德才兼备，还以同样的标准要求下属。

从曾国藩的著述与实践中，不难看出，他一生之中一直在研究用人之道与管理之道，强调对待前人的用人管理之道既要继承，又要革新。

曾国藩用人讲求德才兼备，认为：德才兼备堪大任，有才无德难重用。

《曾文正公全集》里写道：

余谓德与才，不可偏重。譬之于水，德在润下，才即其载物溉田之用；譬之于木，德在曲直，才即其舟楫栋梁之用。德若水之源，才即其波澜；德若木之根，才即其枝叶。德而无才以辅之，则近于愚人；才而无德以主之，则近于小人。世人多不欲与小人为缘，故观人每好取有德者。大较然也。二者既不可兼，与其无德而近于小人，毋宁无才而近于愚人。

曾国藩不仅这么说，也确实做到了"在纯朴之中选拔人才"。他在选人、用人上的标准主要是注重德行操守，而且要求下属把这种德行操守履行到实处。正因为他重用了很多德才兼备的文官和武将，才在晚清时期做出了一番事业。

· **国学镜鉴** ·

曾国藩的用人之道，在于德才兼备。在德、才之间，曾国藩更强调人的德行。他所谓的"德"，含义较为广泛，包括：

忠诚、淳朴、耿介、勇敢、勤俭……

只要是符合以上标准的人，哪怕出身低微，曾国藩也都会不拘一格地提拔起来。

曾国藩虽然"衡才不拘一格""求才不遗余力"，但在具体任用上，他还是"广中求慎"。他要求以道德品性为重，那些官僚气息重、表现欲过强、善于投机取巧的浮滑之人尽量不用；那些吃苦耐劳、勇敢务实、踏实肯干之人大力欢迎。

曾国藩经常在暗中观察所要招揽的人，看对方是否德才兼备，也就是"听其言量其心志，观其行测其力，析其作辨其才华，闻其誉察其品格"。

有一次，曾国藩在安庆时，同乡的人来投奔他。这个人起初表现得非常朴实、敦厚，而且头脑灵活。曾国藩有心收到手下，便有意考验他。一天，曾国藩留他一起吃饭，他们吃的是湘军大营中的粗疏饭食，米饭里面有一些不饱满的秕谷。曾国藩大口大口吃得很香，同时暗中观察这个同乡。同乡皱着眉头，把那些不饱满的秕谷挑出去，然后才艰难地吞咽。

曾国藩盯着他看了很久。饭后，同乡问曾国藩如何安排他的岗位。曾国藩一笑，叫人取来十两银子，说："我这里目前没有适合你的岗位，你还是回家去吧。"据说，这个被打发回乡的人直到晚年去世时也不明白曾国藩为什么不喜欢他。

吃饭剔除秕谷，这种寻常人不以为然的生活细节，曾国藩却见微知著，知道这个人可能不愿意吃苦，所以不能任用。

李鸿章在创建淮军的时候，向老师请教用人之道。曾国藩让李鸿章把淮上的豪杰统统邀请过来，安排在一处食宿。

这一天，曾国藩和李鸿章两个人轻装简从，悄悄步入宿馆。曾国藩打量那些豪杰之士，发现大多都很平常。只有一个人，赤裸上身，踞坐南窗，左手执司马迁的《史记》，右手持烈酒，大声朗诵一篇，痛快饮酒一盏，大有旁若无人之概。

曾国藩看了很久，转头对李鸿章说："这个人，将来成就最大，你要好好地重用他。"

事实证明，曾国藩的眼光很准。那个人就是后来的淮军将领刘铭传，他作战勇猛，不畏强敌，后来成为台湾首任巡抚，在台湾保卫战中名声大噪。

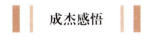

成杰感悟

德才兼备的是圣人；无德无才的是愚人；德胜过才的是君子；才胜过德的是小人。

这几种人，我在职业生涯里都见过。在我的企业里，我坚持一个用人原则，那就是"德才兼备，以德为先"。

因为在我看来，德是衡量一个人的最高标准。一个人，他的德如何，是他是否值得信任，值得企业托付重任的先决条件。

　　德才兼备的人，是非常难得的。若是见到，我一定会请他到我的企业任职，并且委以重任。

　　在德、才不能兼备的情况下，我会更看重德，因为道德比智慧、知识和能力更为重要。智慧再高，能力再强，缺少德的制约，它们就无法发挥应有的价值，甚至害人、害己、害企业。

　　苏轼在《法威堂铭》中写道："非德之威，虽猛而人不畏；非德之明，虽察而人不服。"

　　这也说明了"德"在人们心目中的地位。

穷则变，变则通，通则久：周文公的变通观

· 李燕杰曰 ·

　　我的父亲是中国最早的一批研究生。在他的老师中，有一位非常了不起的人物，曾经参与"戊戌变法"，这个人就是梁启超。

　　小时候，父亲就给我讲过"戊戌变法"。当时，清政府腐败无德，中国面临内忧外患，已经到了必须变革的地步。这时候，以康有为、梁启超为首的维新派提出了"穷则变，变则通，通则久"的哲思，请求清王朝实施变法，以富国强兵。

　　"穷则变，变则通，通则久"这句话蕴含着古人的朴素辩证法思想。用现在的话来说，就是：事物到了穷困的窘境，这

时就应当有所变化，变化之后才能通达，通达之后才能长久。

这里面讲了一个四海皆知的道理，那就是世间万物，都有一个产生、发展和衰落的过程，任何事物在其发展到衰落阶段时，就要寻求变化以谋出路。只要能因时制宜、因地制宜、因人制宜，就可以绝处逢生，立于不败之地。反之，如果一味故步自封，就只能僵化而死。

相传《周易》是周文王所著，距今已有三千多年的历史。在历朝历代，《周易》都是读书人研究的经典。据学术界统计，目前对《周易》进行注释和研究的传世书籍已经超过三千种。这本书的生命如此之长远，如此之坚强，如此之神奇，就凭这一点，就是中华民族智慧的体现。

特别值得思考的是：秦始皇焚书坑儒，没有把《周易》焚掉；历代焚书，也没把《周易》焚掉；现在甚至还掀起了"易学"热。

另外，不仅中国学者关注《周易》，西方学者也予以关注。《周易》这本书早已走出国门，在日本、韩国、美国、加拿大、英国、法国、德国、意大利、奥地利、荷兰、比利时、南斯拉夫、波兰等国，也能看到流传海外的《周易》，还有外国朋友的注释本。

这是一部值得中国人自豪的奇书，是智慧的体现，是哲理的结晶，作为中国人应当引以为傲。

周文王，姓姬，名昌，商末的周族领袖，商纣时为西伯，一度被纣王囚禁于羑里（今河南省安阳市汤阴县）。

据说，文王曾将八卦演为六十四卦，并作卦爻辞。

《史记·周本纪》：西伯盖即位五十年。其囚羑里，盖益《易》之八卦为六十四卦。

《史记·报任安书》：盖文王拘而演《周易》。

《汉书·艺文志》：至于殷周之际，纣在上位，逆天暴物，文王以诸侯顺命而行道，天人之占可得而效。于是重《易》六爻，作上下篇。

西汉时候的学者，多承《史记》和《汉书》的说法，认为《周易》的卦辞、爻辞皆是周文王所作。

自东汉以后，又有学者提出异议，说周文王只作卦辞，周公续作爻辞。唐代的孔颖达取后一种说法，以为班固《汉书·艺文志》书《周易》作者，"只言三圣（指伏羲、文王、孔子），不数周公者，以父统子业故也"。

这些议论，孰是孰非，姑且存疑。

从上述论述中，至少应当肯定，在纣王统治时期，周文王被拘而演《周易》是毋庸置疑的。

至于《周易》在研究中华谋略时的价值，有哪些值得重视，这是很值得研究思考的。

今天我们研究《周易》，不是关在高楼深院里进行纯学术研究，更不是坐在街头巷尾去算命打卦，而是要通过《周易》进行智慧思考。

书中提出"**穷则变，变则通，通则久**"等哲学命题，强调事物的发展实际上是一个由矛盾趋向调和及不断循环的过程。

如果说其他经书多是给人以知识，那么《周易》则是给人以智慧的启示。知识可以传授，而智慧只能相互启发。知识主要告诉你"这是什么"，智慧则告诉你"它为什么是这样，将来发展下去又会怎样"。

智慧总会在常人肯定的东西中找到它产生、发展、灭亡的缘由，从而举一反三，使自己变得更加聪明，更加有智慧，所以人们往往借助《周易》进行预测。这时，人们从中获得一些体悟，并得到某些启示。

· 国学镜鉴 ·

北宋时期王安石变法是一次伟大的政治变革，虽然最后以失败告终，但获得了极高的评价。比如，伟大的无产阶级革命导师列宁就称赞王安石是"中国十一世纪的改革家"。

这次变法充分体现出"穷则变，变则通，通则久"的道理。

北宋建立以后，就有"冗兵""冗官""冗费"之弊政，加上大地主阶级不断兼并土地，使得社会矛盾不断加剧，集权统治所造成的消极影响也开始显露出来，酝酿出动摇北宋王朝统治的危机苗头。到了北宋中期，政治、经济上的种种弊端都已经面临激化。

土地兼并导致社会矛盾激化。北宋统治者最初实行"不抑兼并"的政策，是为了巩固统治基础，但却又放任地主阶级肆无忌惮地兼并土地。这就导致土地高度集中，国家财政收入不断减少，以至于"富者有弥望之田，贫者无立锥之地"。这样，大批农民失去土地，沦为佃户，遭受沉重的剥削和压迫。为了生存，他们便揭竿而起，极大地震动了统治阶级。

"三冗"导致朝廷经济濒临崩溃，"三冗"即"冗官""冗兵""冗费"。官僚机构臃肿庞大，官员众多，还有众多等待差遣的候补官僚，造成"冗官"现象。北宋军队庞大，王安石变法前，全国军队已有一百多万人，造成"冗兵"现象。为了维持官僚机构和军队的开支，再加上北宋每年都要向辽、西夏缴纳大量的岁币，造成"冗费"现象。

正因为当时北宋面临着严重的财政危机和尖锐的阶级矛盾，变法势在必行。

熙宁元年（公元1068年），王安石向皇帝提出变法，并在宋神宗的支持下全面展开。

王安石变法，以发展生产、富国强兵为目的，在理财方面施行均输法、青苗法、免役法、市易法、农田水利法、方田均税法等；在整军方面施行将兵法、保甲法、保马法等。前者是打击官僚地主剥削农民的行为，限制其特权，减轻农民负担，增加政府收入；后者则是加强军事力量，巩固边防。

　　这些举措在很大程度上改变了北宋积贫积弱的局面，提高了国防力量。变法期间，社会经济快速发展，劳动人民的负担减轻，国库中的积蓄可供朝廷二十年的财政支出，呈现出百年来不曾有过的繁荣景象。同时，变法也扭转了北宋在对外战事中屡战屡败的局势，在西北边界，宋军拓地两千余里，成就了北宋军事史上空前的大捷。

▌▌ 成杰感悟 ▌▌

　　做人要学会变通，不要钻牛角尖，不要走死胡同。

　　人活在这个世界上要善于另辟蹊径，如果只踩着前人的足迹行进，是无法找到世外桃源的。

　　从没路的地方走出的路才是新路，敢于向荆棘丛生处迈出第一步的人，才是值得敬佩的人。

　　天无绝人之路。人虽一时处于绝境，但终归可以找到出路。

　　人生的路很长，但也很多。为环境所迫，为条件所困，为生活所累，为情感所惑……有些事情，我们是无法改变的，当我们不能改变全部时，却有可能改变局部。

　　生活中，我们在一条路上不断行走，走久了、走累了、走厌了的时候，有可能觉得脚下的路越走越狭窄，甚至到了山穷水尽的地步，再没有勇气继续往前迈一步。实际上，不是路太窄，而是我们的眼光太窄。

其实，许多时候堵死我们的不是没有路，而是我们自己狭隘的心态逼得自己无路可走。

有刑才能无刑：刘伯温的制度观

· 李燕杰曰 ·

我在读初中时，老师给我们讲刘伯温的《卖柑者言》。文中批评金玉其外、败絮其中的伪君子，给我留下了十分深刻的印象，至今难以忘怀。当时，从老师那里我得知了作者刘伯温的名字。

长大些，我学习历史，知道了刘伯温在中国谋略史上是一位非常值得研究、值得称道、值得总结的大师。有人称他为乱世奇才，有人称他为朱元璋的"左膀右臂"，也有人称他为千古人杰。

我觉得这些说法都对，从刘伯温的作为来看，这些评价一点都不过分。

刘伯温，是元末时青田县人。他在朝为官时，发现元朝统治阶级不仅欺压其他民族，还日益腐败。元朝的残酷剥削与镇压，造成民不聊生、怨声载道的情况，激起了元末农民大起义，所谓"石人一只眼，挑动黄河天下反"。

这时的刘伯温很睿智地看到形势在变：元顺帝是昏君，元朝政府在政治、经济、军事上十分腐败；天灾、人祸相连；社会上，人心思变。刘伯温既观察各方形势，又思考谋略。他写下《郁离子》一书，一方面揭露元朝的黑暗，一方面提出可行的谋略。

求贤若渴的朱元璋把刘伯温请至应天，委以重任。自此以后，刘伯温成了朱元璋的"诸葛亮"。如果说徐达为武将，那么刘伯温就是文臣，且是颇具文韬武略的重臣，后世多称赞刘伯温的谋略。

"凿凿乎如药石之必治病，断断乎如五谷之必疗饥而不可无者也。"

"明乎吉凶祸福之几，审乎古今成败得失之迹。"

果然，刘伯温帮着朱元璋把江山打了下来。此后，在治理江山的时候，刘伯温的智慧再次发挥了巨大的作用。

刘伯温强调以德治国，这无疑是治国之大谋大略。他认为治国最好的办法是用德，其次是用政治，最后是用财货。用德使人长久感怀，政治松弛就会使人涣散，财货用尽就会使人背離，所以德为主，政为佐，财为使。招引君子用德好，招引小人用财货好，政治开导既可对君子又可对小人，引导他们行善，阻止他们作恶。圣人兼用这三种方式，不颠倒它们的主次关系，所以天下百姓归心。

这些谋略，对今天也有一定的启示。

刘伯温强调"治国以法"，他在明代法制的构建上起到奠基的作用。他认为：刑罚是威严的法令，威严到了杀人的程度，而救人的道理就藏在其中；赦免是讲恩道的法令，它的意旨在于使人活命不死，可杀人的道理就藏在里面。这如同《尚书·大禹谟》所说，有刑是希望达到无刑。

在依法治国方面，刘伯温有着自己独到的见解。他认为，法治是一个国家长治久安的有力保证，法律的制定要相对宽松，但在执行时一定要严格。既用刑，又能使从善者获得赦免，刚柔并用，软硬兼施，无疑是一种治国谋略。既可惩罚严明，又可使国家长治久安。

· **国学镜鉴** ·

清代的于成龙是一位青史留名的廉吏。顺治年间，他在广西任职，治理罗城县的一系列作为充分体现出"刑期于无刑"的思想。

当时的罗城县，各民族混居。县内有近四十万人口，其中三分之二是壮、瑶、侗、苗等少数民族，这些民族彼此间矛盾重重，冲突频繁。

罗城县经济极度落后。明清易代之际战乱破坏严重，加上频生的自然灾害，导致农业生产荒废。当时最明显的弊病就是盗匪横行、民族冲突。

俗话说"山高皇帝远"，朝廷无暇顾及偏远地区，造成了罗城县的社会混乱。

在于成龙上任之初，他面对的是这样一个罗城县——本应该是最为安全的县城，却因为没有官府的管制成为最混乱的县城。于成龙清楚，自己的首要任务就是整治混乱的社会治安，此后才能谈及恢复农业生产。

怎么整治社会治安呢？必须要搞清楚哪些是安善良民，哪些是作奸犯科之徒。为此，于成龙重拾王安石变法时实施的"保甲法"。

在封建社会，这种制度是很有效的管制方法。他将境内的平民百姓，按照居住地编成保、甲。每十家组一保，五保为一大保，十大保为一都保，以住户中最富有者为保长、大保长、都保长，层层管理。

对内，官府借助这种方式，可以严格管理辖区内的百姓。保甲内人员的详细情况，保甲长都要了解、登记。无论哪里的百姓要外出办事，都要向保长、都保长领取路条。倘若某人有违法行为，保甲内的各家各户都要及时规劝、制止，情况严重的则要向上举报。若是有隐瞒不报者，等官府查究出来后，所有人都要"连坐"，一起受罚。

对外，官府借助这种方式，利用集体的力量防御盗匪。出现匪情的地区鸣锣、击鼓，所有人都会拿起兵器，一起出击作战，从而让外来的盗匪不敢轻易来此作案。

在太平盛世中，这种严格的管理制度有些禁锢自由的意味。但在当时的乱世，这却是官府保障社会治安的必要手段。

于成龙认为乱世须用重典，他以严刑来惩治违法犯罪的人。针对当地民风彪悍、械斗成风的局面，于成龙严令百姓平时出门不得携带武器，不许肆意械斗，否则严惩不贷。

这些规定通过多方警示，严格执行，果然震慑了当地桀骜不驯的百姓。

在这些措施作用之下，罗城县的社会秩序明显好转。在保长的配合下，于成龙带着衙门差役，对以往的积案进行梳理、破获，抓捕了上百名案犯，审理后予以处决。那些流窜作案的盗匪也纷纷远遁，再也不敢踏入罗城县内。

经过一段时间的整治，于成龙感到罗城县的犯罪率大为降低，他便开始鼓励农桑，兴修水利，提高当地的经济水平。同时，他有意识地减轻了刑罚，真正做到了"有刑才能无刑"。

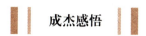

成杰感悟

乱世用重典，并不是表明我们不懂依法治国的道理，而是说明了宽严相济的辩证道理，也就是"有刑为了无刑"的思想。

在必要的时候，如果不实行重法，那么就不会让人对法律有畏惧之心。在犯罪成本低廉的情况下，会有更多的人去作奸犯科。反之，如果在非常时期，对犯罪者实行重法惩治，则会震慑宵小，使得很多人不会走上犯罪的道路，从而免于刑罚。

孔子曾经对这种思想进行过阐发：善哉！政宽则民慢，慢则纠之以猛；猛则民残，残则施之以宽。宽以济猛，猛以济宽，政是以和。

这就将"有刑为了无刑"的刑法思想说得有因有果，并且明确了时代的形势条件。

战势不过奇正：孙子的竞争观

· 李燕杰曰 ·

最近，我出席了几个关于《孙子兵法》谋略研究的学术研讨会，颇受启发。

这些年，尤其在部队工作期间，我利用业余时间研究过不少兵书，其中有《孙子兵法》《司马法》《吴子兵法》《孙膑兵法》《尉缭子》《六韬》《诸葛亮兵法》……

我在阅读中，最感兴趣的就是《孙子兵法》，因为当时郭化若的《孙子兵法之初步研究》刚刚出版，而且有译文，看起来十分方便。在阅读过程中我得知，《孙子兵法》又称为《孙武兵法》。

孙子生于距今两千多年前，与孔子生活在同一时代。那是春秋战国时期，群雄竞起的时代，也是百家争鸣的时代，堪称人类智慧迸发火花的时代。今天，要了解那个时代的智慧，不仅要研究老子、孔子，还要研究孙子。

孙子名孙武，齐国人。齐国的始祖是姜太公，姜太公的《六韬》是兵法之祖。孙子作为齐国的子民，写出兵学宝典，真是"青出于蓝而胜于蓝"。曹操在《孙子策略》的自序中曾写道："吾观兵书战略多矣，孙子所著深矣。"

《孙子兵法》开篇写道："兵者，国之大事，死生之地，存亡之道，不可不察也。"

开宗明义第一章，孙子即强调战争关系到国家命运及个人的生死存亡，所以要认真思考，认真对待。至于如何取胜，孙子做了多方研究，给后人以多种启示，所以孙子又被尊为武圣。圣者，智也；圣者，明也；圣者，聪也。

《孙子兵法》中，最值得研究的是这个观点："战势不过奇正，奇正之变，不可胜穷也。奇正相生，如循环之无端，孰能穷之哉！"

用现代的话来讲，孙子指出：战斗中军事实力运用有"奇"有"正"。"奇""正"组合变化，永远无穷无尽。奇正相生，相互转化，就好比圆环旋绕，无始无终，哪有穷尽。

用兵之道，出奇才能制胜。所以，孙子主张用兵有"奇"有"正"，而且强调："是故智者之虑，必杂于利害。杂于利而务可信也，杂于害而患可解也。"

《孙子兵法》中，孙子还指出："凡战者，以正合，以奇胜。故善出奇者，无穷如天地，不竭如江海。"

这里的"正"是基础，"奇"是关键。假如我方处于全局的劣势，那么可以创造出局部的竞争优势，以多胜少。善于"奇""正"取势，即可在交锋之前，乱对手之定心，挫对手之锐气。用孙子的话来讲，就是："三军可夺气，将军可夺心。是故朝气锐，昼气惰，暮气归。善用兵者，避其锐气，击其惰归，此治气者也。"

唐太宗也曾熟读《孙子兵法》，他还曾与大将李靖道："以奇为正者，敌意其奇，则吾正击之；以正为奇者，敌意其正，则吾奇击之。使敌势常虚，我势常实。当以此法授诸将，使易晓尔。"

所以，只要抓住了"正"与"奇"的辩证统一原理，理解"兵无常势、水无常形"的道理，就能出奇制胜。

· 国学镜鉴 ·

在中国历史上，唐朝的大将李愬在雪夜袭取蔡州（今河南汝南），擒获淮西节度使吴元济之役，是"奇""正"相克的典型战例。

"安史之乱"后，唐王朝对地方军阀的控制力逐渐减弱，很多地方的节度使都形成割据之势。朝廷对此十分忌惮，一有机会就削弱这些节度使的实力，双方势同水火。

唐宪宗元和九年（公元 814 年），彰义军（淮西）节度使吴少阳逝去。其子吴元济并未按照朝廷规定上报，而是擅自接管权力，拥兵自重。

唐宪宗早就有志于削平藩镇，他得知消息后，决定兴兵讨伐吴元济。

此后的三年间，唐军四面围攻淮西节镇，吴元济也负隅顽抗，派人向成德王承宪、淄清李师道求援。王、李派人烧毁朝廷储藏的军备物资，刺杀主战的宰相武元衡。同时，唐军战事不利，使得吴元济益发骄横。

唐宪宗派遣名将之子李愬为西路唐军统帅。李愬不负众望，以一场漂亮的奇袭战役，结束了这场旷日持久的战事。

那是在元和十二年（公元 817 年），也是讨伐淮西战事关键的一年。唐宪宗集中力量，击败淮西节镇大军，使得吴元济十分恐慌。无奈之下，吴元济只得将亲兵及蔡州的守军全部调往北线防守，淮西军的主力和精锐都被吸引到了北线，这就为西路唐军奇袭蔡州创造了条件。

这一年八月，李愬抵达唐州（今河南泌阳）后，采取了一系列行动，为奇袭的成功奠定了基础。

李愬到任后，先是有意示弱，治军宽松，目的是麻痹敌军。果然，淮西军见李愬名声不显，行事不堪，便掉以轻心，松懈了防务。见此情景，李愬为完成奇袭计划，暗中调来精锐士卒步骑两千人。

李愬还大力争取淮西将士为己所用，他大胆重用降将，询问淮西内情。结果，被感化的淮西将领尽吐实情，使得李愬很快摸透了敌方的虚实，为奇袭蔡州的成功奠定了基础。

李愬先后出兵攻取蔡州以西和西北的若干据点，使唐军主力进驻距蔡州仅六十五公里的文城栅，这就建立起接近蔡州的奇袭基地。

经过一系列的准备，在这一年九月，李愬制订出详尽的奇袭计划，密呈宰相裴度并得到他的批准。

十月初十，风雪交加。这样的天气里，淮西节镇的军队认为唐军无论如何不会出兵进攻，于是放松了警戒。

在李愬看来，这正是利于奇袭的天气。于是，他亲自率军秘密进袭，除个别将领外，全军上下均不知此次行军的目的地和任务。

直到出发很久之后，李愬才对诸将宣布：此行是为了奔袭蔡州，擒获吴元济。诸将大惊失色，但箭在弦上，不得不发。此时夜深天寒，风雪大作，不乏人马冻死。众人都畏惧李愬军令严明，只得硬着头皮前进。于是，唐军行军三十五公里，抵达蔡州。

自从淮西节镇形同割据以来，唐军已有数十年未到蔡州城下，所以蔡州守军毫无戒备。李愬率军抵达蔡州城下，守城兵卒仍在沉睡。

唐军翻越城头，杀死守卒，打开城门迎纳大军进入。

天亮时，雪渐止，李愬已经占领蔡州。此时，吴元济还在睡觉。

李愬入城后，派人进攻吴元济城内的据点。吴元济得知消息后惊恐万状，他想不通唐军为何如神兵天降。

黄昏时分，城门被攻破，吴元济无奈投降，独立已久的淮西节镇遂平。

李愬奇袭成功并非出于偶然，他充分领会了《孙子兵法》中的"奇""正"之理，出奇兵，出乎敌之意料，取得战争的胜利。

┃┃ 成杰感悟 ┃┃

《孙子兵法》里面讲："战势不过奇正，奇正之变，不可胜穷也。奇正相生，如循环之无端，孰能穷之哉！"意思是说，战术的基本形态不过是一般与特殊两种，把它们加以组合变化，就能形成无穷无尽的战术。

我们做企业，在经营管理的时候，就要开动脑筋，做到出其不意，以奇制胜。

在我看来，这里的"奇"可以指策略。好的策略是企业在经营中做到出其不意的关键，可以让对手捉摸不定，从而在商海竞争中独占鳌头。

在商战中，企业还要做到"正""奇"结合。

所谓"正"就是强化企业对自身的认识，深入了解企业的核心竞争力和自身短板，发展自身实力，寻求自身经营战略和管理效能的改进，使得企业拥有雄厚的实力、过硬的产品。

所谓"奇"就是要对时代和社会形势的变化具有敏锐的嗅觉，随时掌握竞争对手的信息，从而深刻认识到自身所面临的问题，为寻找应对之策提供依据。

能柔能刚，其国弥光：黄石公的全局观

· 李燕杰曰 ·

黄石公是秦汉时隐居山中的一位隐士，他足智多谋、文武双全、德智并重。传说，他年过百岁，曾著兵书《黄石公三略》。

黄石公这个名字，是我在五六岁时听祖母讲的。

据说，张良有一次见到一个老人的鞋子掉到桥下，他帮老人取回鞋子并帮他穿上。之后，老人送给张良兵书一卷，对他说："读此书可为王者师。"后来他又说："十三年孺子见我济北，谷城山下黄石即我矣。"

过了十三年，张良辅佐刘邦平天下，在济北谷城下得到一

块黄石，马上进行祭祀，后人称之为黄石公。

这是我幼年时听到的一个故事。当时祖母告诉我：张良好学向上，尊重老人。她并没有多讲书中内容，更没有讲兵法。书中兵法到底是姜太公的，还是黄石公的，都没谈到。但黄石公的名字，给我留下了十分深刻的印象。

后来，我从父亲的书堆中翻到一本线装古书，即《黄石公三略》，如获至宝。那时年少，翻阅时并不了解文章大意，但古文多少还能通读下来。这时读起《黄石公三略》来，就饶有兴趣。

《黄石公三略》与其他兵书相比较，自有它的特点。名为兵书，实为军事、政治兼顾的战略，是一套指挥谋略的经典之作。

《黄石公三略》既讲军事战略，又讲政治谋略。从军事战略角度看，它重在控制军事要地，加强对军事根据地的控制，既保国土，又守边疆。从政治谋略方面看，他十分重视收敛人心，即团结士兵、团结群众，共同克敌制胜。《黄石公三略》并非一部纯粹打仗的书，而是一部从根本上提高人智慧的书，可以称之为军事谋略、政治谋略、斗争哲学的综合经典。

《黄石公三略》中涉及士与民、将与众、德与成、仁与法、柔与刚、弱与强等关系，在这些论述中体现了中华民族大本大源谋略中的原典智慧，所以被人们认为是超越前人的智慧宝书。

　　"夫主将之法，务揽英雄之心，赏禄有功，通志于众。故与众同好，靡不成；与众同恶，靡不倾。治国安家，得人也；亡国破家，失人也……"

　　黄石公在古代社会中，一针见血地指出要重视"人"的作用：

　　"柔能制刚，弱能制强。柔者，德也；刚者，贼也。弱者人之所助，强者怨之所攻。柔有所设，刚有所施；弱有所用，强有所加；兼此四者，而制其宜。"从"人"入手，研究矛盾之中强与弱的辩证关系，也堪称精辟之见。

　　"能柔能刚，其国弥光；能弱能强，其国弥彰。纯柔纯弱，其国必削；纯刚纯强，其国必亡。"

　　这些论断坚定，令人深思，并让我们从中体会到如何面对国际风云变幻，如何刚柔并进，发人深省。

　　一位领导者，从积极方面讲，要加强团结与建设，使国富而民强，全面提高国民素质，以利发展；从消极方面讲，一定要防微杜渐，要使国民避免遭受各种灾难。

　　　　·　**国学镜鉴**　·

　　唐朝初建的时候，国力还不够强大。此时的东突厥仗着强大的武力，连年入侵，掠夺人口和财富。

唐武德九年（公元 626 年），东突厥的颉利可汗率兵十万，势如破竹，攻打到距离唐都长安四十里的地方，大大震动了唐朝君臣，长安城被迫戒严。

大将尉迟敬德临危受命，作为泾州道行军总管抵达前线，布置军队防御突厥。

尉迟敬德组织反攻，与突厥军队进行一场恶战，歼灭突厥骑兵一千余人并生擒敌军将领。可惜，这样局部的胜利仍然无法阻挡突厥人的前进步伐。颉利可汗的大军主力进抵渭水河畔，直逼长安城。

这时候，唐王朝面临着两种选择。第一种是以硬碰硬，竭尽全力与突厥人一战。第二种是避其锋芒，以牺牲利益来换取暂时的和平。

朝廷里不乏劝唐太宗宁死不屈的人，他们的理由是：堂堂天朝，岂能被蛮夷吓倒！但是，李世民经过细细思虑，还是选择了暂时的屈服。因为他想到了黄石公的智慧：能柔能刚，其国弥光。

李世民打定主意后，便制定了应对之策。

在长安城外，突厥大军雄兵列阵于渭水北岸，人喊马嘶，旌旗飘扬，看上去煞是威武。唐太宗亲自率领高士廉、房玄龄等六名文臣武将，出城至渭水边，隔着渭水与颉利可汗对话。李世民面色镇定，理直气壮地指责颉利可汗背弃了此前与大唐互不侵犯的盟约，又表现出不惜一战的强硬态度。接着，李世民话锋一转，又说大唐不与蛮夷计较，看在突厥人远道而来的份上，可以给他们一些好处，双方再定盟约。

颉利可汗远道而来，虽然接连胜利，但也意识到唐军的战斗力不可小觑。此刻，他觉得若是强攻长安，最大的可能是两败俱伤。于是，在唐太宗许以金帛财物的情况下，颉利可汗请求结盟。

经过商议，唐太宗与颉利可汗在长安城西郊的渭水便桥上，斩杀白马立盟。之后，颉利可汗率突厥大军回返，唐王朝成功地化解了一场伤及国本的大战，这就是有名的"渭水之盟"。

"渭水之盟"对唐王朝的意义十分重大，它使唐王朝避免了一场损失巨大的战争，尤其是在自己不利的条件下。虽然支付了金帛财物，但是为唐王朝赢得了时间。在此后的数年中，唐太宗采取了一系列强国措施：他稳定政局，大力提拔魏徵等贤臣，使得政治清明；他发展经济，使得国库充实；他加强军事力量，培养出一支能征善战的精锐部队；他密切关注突厥动向，时刻准备开展对突厥的战事。

机会很快到来了，就在唐王朝励精图治的时候，东突厥内部出现分裂。原来附庸于突厥的薛延陀和回纥等部落对颉利可汗不满，暗中与唐王朝联络，想将颉利可汗取而代之。恰逢东突厥又遇到大雪灾，牲畜大多被冻死饿死，国力渐弱。

唐太宗李世民认为，反击东突厥的时机已经成熟了。贞观四年（公元 630 年），他派大将李靖、李绩攻打突厥。在唐军的犀利攻势下，突厥节节败退，全无还手之力。最后，颉利可汗被俘，东突厥灭亡。

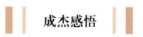

成杰感悟

"能柔能刚，其国弥光"讲的是一种全局观。

对一个人来说，有没有全局观，关系到这个人的格局，能否做成大事。

对一个企业来说，有没有全局观，关系到企业能否做大、做强。

假如说商海竞争是一盘棋，那么全局观就是通盘考虑。有一处没有考虑到，都有可能功亏一篑。

有大局观的企业管理者，一定会从全局出发，审时度势，结合企业和市场的实际情况，制定企业的战略规划和战略目标。

有大局观的企业管理者，一定会从全局出发，建立企业的组织构架，完善各部门之间的管理程序和流程，健全企业的人力资源管理和薪酬管理体系。

有大局观的企业管理者，一定会从全局出发，发挥主观能动性，以高度的责任感，为员工做好模范带头作用，严格执行企业的各项管理制度。

第五章

国学的加减法：

如何智慧地读国学

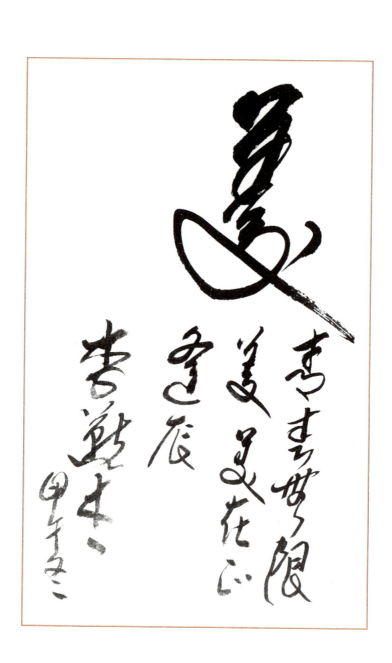

夢

高书世多限
美又花心
季辰
书此士
甲午冬

根本：老祖宗的东西不能丢

· 李燕杰日 ·

现在，有很多国内高校开设国学课。同时，海外也出现了"国学热"。这无疑是一件大好事。

一则，一些诺贝尔奖获得者讲，今后要回到两千五百年前的孔子时代。内在含义就是要提倡中国古代的儒家思想，重在讲道德。

二则，海外创办了一批孔子学院，参与者不仅学习中国文化，还学习中国语言，在世界范围内出现了"汉语热"。

三则，国内电视上的几个"大讲堂"都在讲国学，如于丹、易中天、王立群、蒙曼等，还有的在讲养生学，收视率都很高。

四则，许多高校纷纷开办国学院、国学研究所等。我在前些年，也就是二十世纪八十年代中期创办了羲黄文化研究院，那是改革开放以来，民间创办的第一家国学院。

我认为，一个中国人，无论他生在哪里，都不要忘本，不要忘记祖先——特别是看到祖先留给我们的智慧的时候。比如，在那个没有文字的年代，我们的祖先口耳相传，留下了许多神话传说，这些就是祖先留给我们后人的智慧和财富。

总而言之，国学是中国人必须要学的。老祖宗的东西坚决不能丢。

我总结了这么几点：

第一，中国人学国学，必须学《易经》，这是国学之根源。

第二，中国人学国学，必须学老子的《道德经》，这是道学之根。

第三，中国人学国学，必须学孔子的《论语》，这是儒学之本。

第四，中国人学国学，必须学孙武的《孙子兵法》，这是战争与和平学问之基。

第五，中国人学国学，必须学《墨子》，这是兼爱、非攻，关爱弱势群体之书。

第六，中国人学国学，必须学司马迁的《史记》，这是前四史之首。

我们今天学习国学，不是为了向后看，不是为了复古，而是为了革新。中国历史上每当讲到复古，其实都是为了革新。复古绝不应开历史的倒车，而要以史为鉴，吸收中华文化的精华，继承优秀的传统，目的在于发展今天。

我们今天研究国学，研究优秀的传统文化，就要经世致用，就要学以致用。对今天有用，就得"给力"。

给什么力？给软实力、硬实力、巧实力、格实力、魅实力、健实力……总之，需要什么力，就给什么力。

我用营养学来打个比方：人体需要各种营养。人在吃东西的时候，要找到含有脂肪、蛋白质、碳水化合物还有各种微量元素的食物，吃的时候要注意营养搭配，这样才能让人体获得均衡的营养。

学习国学也是如此：我们从古人那里寻找"营养"，在各种"食物"中找到那些对人们有用的"营养"。

只有把老祖宗留给我们的精神财富都掌握住了，才能对得起他们，对得起自己。

·   **国学镜鉴**   ·

为什么学国学，我认为有四大需要：

第一，振兴中华的需要。

第二，团结世界华人的需要。

第三，引领世界走向和平安康的需要。

第四，自身修、齐、治、平的需要。

世界各国经济、社会联系越来越紧密，地球逐渐成为"地球村"，我们中国人应该愈发地珍视国学，加紧学习的脚步。

今天的中国人，不学国粹，是忘本；只学国故，是倒退。

中国人切莫妄自菲薄。中华民族的文化源远流长，如黄河越九曲，长江泻三峡，虽经曲折，但从未断流，这是世上独一无二的！

我们的祖先留下了丰富的文化遗产。这些文化遗产很宝贵，我们可以把它放在世界范围内，从相互比较中认识它的价值，从而增强我们的民族自豪感。

中国与古埃及、古巴比伦、古印度同为"世界四大文明古国"，在人类文明的开创时期都做出了巨大的贡献。

被称为"欧洲文化的发源地"的古希腊，曾经创造了人类童年时代最完美的文学艺术。古希腊文学在后来就中断了，而中国文学一直延续至今。

自先秦至清，中国古代文学艺术逐渐由单一到多样，最后形成了极为丰富的内容和体系。这个体系里既有诗歌、散文、戏剧、小说、音乐、舞蹈、绘画、雕塑、工艺、建筑等多种艺术类型，又有艺术构思、艺术形象、艺术表现、艺术风格、创作方法等多方面的文艺理论。在不同时代，它又有不同的内容、形式和风格。

中国古代诗歌以《诗经》和"楚辞"为发端。《诗经》收集了西周初年至春秋中期民间诗人及公卿列士的作品，确立了中国诗歌的现实主义传统。在南方，以楚地民歌为基础发展起来的"楚辞"则是中国诗歌浪漫主义的先声。其后历经魏晋南北朝的成长、发展，终于在唐朝成熟、兴盛，成为中国古典诗歌的巅峰。

中国古代散文以《尚书·盘庚》为发端，经过春秋战国时期逐步发展，到了汉代开始有了大的进步，经过魏晋南北朝时期的题材扩展，唐宋时期的返璞归真，终于在明清时期得以成熟，产生了很多深刻、隽永的佳作。

中国古代小说发展得较晚。魏晋南北朝时的《世说新语》代表了中国小说的早期成就；唐代传奇在中国小说发展史上占有重要地位；宋元时代，话本的兴起让白话体小说在文学领域占有了重要的地位；明清是中国古典小说最为辉煌灿烂的时代。

中国戏剧是集歌舞、说唱及俳优为一体的综合性艺术形式，它在宋金时期形成较完整的系统，于元明清时期空前繁荣。

中国古代音乐曾长期领先于世界。早在四千多年前，黄帝的大臣伶伦就以竹管的长度定出了宫、商、角、徵、羽五个音阶。战国时期中国有了变徵之音，西汉时期又有了变宫之音，至此中国乐谱中已七音俱全。西方在十一世纪才有六音，七音皆备则是更晚的事。

　　中国舞蹈起始很早。舜有《韶舞》，与韶乐相配。周有《大武》与八佾舞，并有《八佾图谱》传世。汉代设有官方乐舞机构，培养了大批的专业艺人，歌舞之风盛极一时。唐代的《霓裳羽衣舞》艺术水平极高。宋代以降，中国舞蹈独立发展的同时，还与音乐、表演、杂技等一同融入多姿多彩的戏剧之中。

　　中国古代在壁画与帛画方面也取得了很高的艺术成就。东汉的《车马出行图》《乐舞百戏图》《侍者进食图》是早期石壁画的代表作。敦煌石窟中拥有壁画与雕塑，是一个综合性的艺术宝库。中国的山水画在唐代以前已颇有成就。五代以后，中国山水画进入鼎盛时期，画坛群星涌起。中国的花鸟画在元明清时得到了空前的发展

　　中国古代书法在汉魏时期已成为独立的艺术形式，西晋时进入了繁荣期。

　　以上所列举的只是我国灿烂文化当中的一小部分内容，我们有什么理由不学习国学呢？

成杰感悟

　　"中国摇滚之父"崔健的歌中有这么一句歌词："不是我不明白，这世界变化快。"

　　这个社会对于我们来说变化得太快了，以至于我们都有些

不认识它。物欲横流，世人心态都很浮躁，很多人理直气壮地
做着损人利己、唯利是图、争权夺利的事情。这让社会上相当
多的人缺乏安全感，感到人与人之间缺乏信任。

人们不禁要问：在这个人心不古的社会里，越来越多的人
重利轻义，曾让我们中国人为之自豪的忠、孝、仁、义等优秀
品质都去哪里了？我们该去哪里寻回呢？

我想告诉大家：这些问题，在老祖宗留给我们的精神遗产
中都可以找到答案，去国学里寻找吧！

国学里的传统道德规范虽有一些糟粕存在，但我们要看它
的主流价值观。

仁、义、礼、智、信，温、良、恭、俭、让……

这些质朴刚健的道理，锻造出了中华民族的道德观念和价
值取向，进而影响了整个世界。

学术：志于道、据于德、依于仁、游于艺

· 李燕杰曰 ·

有一年，我去中南海演讲。讲完以后，有中央领导问我有什么要求，我就请求领导批准我再到毛主席的书房看看他的书，因为我想看看一代伟人的藏书。

毛主席的书房真让我眼花缭乱。书房里约有九万六千册藏书，其中一大部分是国学，《易经》《道德经》《南华经》《论语》《孟子》《大学》《中庸》《山海经》《黄帝内经》……当然，也有西方的经典，《圣经》《古兰经》……这时，我懂得了什么叫博大精深，什么叫博览群书。

国学经典浩如烟海、汗牛充栋。从古至今到底有多少书，

谁也说不清楚。那么，我们该怎样研究国学呢？

我认为，孔夫子在几千年前就给出了一个很好的答案——"子曰：志于道，据于德，依于仁，游于艺。"

志于道，就是要志存高远，达到一个境界。这句话的意思是教育人们要立志。

据于德，就是以德为根据，做什么事都别超越道德界限。这句话是告诉人们要讲规矩。

依于仁，就是说"道""德"如何发挥，就在于人有没有仁爱之心。有了仁爱之心，才能谈"道""德"。这是让人们爱人、爱物、爱一切生灵。

游于艺，就是做事要有知识，不断学习，锻炼自身能力，才能在世间游刃有余。这是教育人们要善于成长。

孔夫子的这句话，对我们学习国学有什么帮助呢？

志于道，我们要学习国学，首先得明白学习国学的目标所在，真正理解学习国学的意义，才能立下长远的志向。反之，要是没有志于道，学了也是白学。

据于德，我们立下学习国学的志向，就要努力去学习，但是做事情不能出格。假如一个人学习成绩挺好，就是经常做些出格的事儿，那他倒也不白学，可一个有才无德的小人学好了是非常可怕的！那还不如什么都不会呢。

依于仁，人必须有爱心，心怀"仁"念。如果一个人没有爱心，自私自利，那他在社会上肯定处处碰壁。因为他自私，所以他做的很多事情都只为自己好。谁还想和他亲近呢？谁还敢和他亲近呢？

游于艺，我们要善于学习。求知欲旺盛并勤奋学习的人，学问才渊博，人生才会更加顺利，因为他能够凭借渊博的知识解决问题。

因此，我们每个想要学习国学的人都要做到：志于道，据于德，依于仁，游于艺。另外，我还想强调——合于礼，因为中国是礼仪之邦。

· 国学镜鉴 ·

大家知道，我个人喜欢国学，研究国学很多年了。这么多年来，我最喜欢国学中的哪本书呢？告诉大家，那就是司马迁的《史记》。

《史记》是我国最早的融知识性、文学性于一体的史学巨著。鲁迅先生曾经说这书堪称"史家之绝唱，无韵之离骚"。

司马迁写这本书，几乎用了一生的时间。书里面曲折的故事，正好体现出司马迁的"志于道"。

司马迁想要写一部承前启后的史书，来自于他父亲临终前的一番话。

司马迁的父亲司马谈曾经做过西汉的史官。他在临死之前，把家族的使命和自己的遗愿都嘱托给司马迁，希望儿子能够继承司马家的荣光，编写出一部历史巨著。

司马迁子承父业，做了西汉的史官。他也确实没有辜负父亲的期望，在年轻的时候就立下了"究天人之际，通古今之变，成一家之言"的著史理想。司马迁早早就开始着手准备，他花费了数年时间周游天下、遍访古迹、了解风土人情，搜集前人轶事，为编写《史记》积累了大量的素材。之后，他又受学于当时的大儒孔安国和董仲舒，给自己增加了深厚的学养。

在汉武帝太初元年（公元前 104 年），司马迁开始编写《史记》，最初这部书的名字叫《太史公书》。在司马迁看来，他有充足的材料和时间可以完成这部作品。谁料"天有不测风云"，汉武帝天汉三年（公元前 98 年），一个意外事件改变了司马迁的后半生。

汉朝大将李陵带兵征伐匈奴，战败被俘。司马迁仗义执言，惹怒了汉武帝，被处以宫刑。

受此大辱的司马迁一度一蹶不振，他承受着身体上和精神上的巨大折磨，甚至想一死了之。但是，"志于道"让他没有以这种最为无奈的方式对抗命运的考验，他想到父亲和自己毕生的志愿，终于明白"人固有一死，或重于泰山，或轻于鸿毛"。

重新走出人生低谷的司马迁以更为顽强的毅力，呕心沥血，花费十四年的时间，完成了这部史学巨著，给后世留下一份无价的文化瑰宝。

所以大家明白，志于道有多么重要了吧？

除了《史记》这种大部头的书，我还喜欢看一些短小的古人文章，比如古代的名人逸事。

明朝有一个叫崔铣的大学者，写过一篇《记王忠肃公翱三事》。这里面记载了明代高官王翱的几件事，其中一件"拒婿调迁"的事，充分说明了古代儒者据于德的行为准则。

当时王翱在吏部任职，位高权重。他有一女，嫁给京城附近的一个小官员为妻。他和夫人都十分疼爱这个女儿，经常接女儿回娘家住上一段时间。可是，每次女儿要回娘家的时候，女婿就拦着不让走。

为什么呢，因为他对岳父不满。一次，他跟妻子说："岳父他老人家是吏部的长官，很容易就能把我调任至京城的官职，容易得就像摇下正在凋落的树叶一样。那时候，咱们就都搬进京城里，你就可以时时侍奉母亲了。但是为什么你的父亲那么吝惜气力，不管我呢？"

女儿就托人带话给母亲。王夫人一想也对，就在晚上摆酒，劝说丈夫。王翱听后十分生气，拿起桌上的器物打伤了夫人，怒气冲冲地坐车到朝房里去了。直到十天后，他才回到自己的府邸，最终他也没把女婿调进京城。

王翱的行为，在官吏普遍以权谋私的封建社会里难能可贵，充分体现出传统读书人做事据于德的品质。

依于仁，清朝的学者孙星衍辑录的《孔子集语》里记载了一个故事：

有一天，孔子看到他的学生子路提着剑走来走去，就问他说："子路！有什么事需要用到剑啊？"子路回答说："遇到好人，当然要以善意对待；遇到坏人，就要自我防卫。"孔子说："君子以忠诚待人处世，用仁义做防卫，虽不出院墙，却能名闻于千里之外。君子能用忠诚感化坏人，能用宽恕包容强暴，何必拿剑呢？"子路听后，心服口服，说："请先生允许我以最恭敬的礼节来侍奉您。"

这个故事说明，孔子认为"仁"是最好的修身之道和处世之法，也是保卫自身安全最好的武器。

游于艺，我想起《晋书·顾恺之传》里对大画家顾恺之的描述，说他"每画人成，或数年不点目睛"，又说他为患有眼疾的朋友殷仲堪画像，"若明点瞳子，飞白拂上，使如轻云之蔽月"。

为什么顾恺之画人能够十分传神呢？因为顾恺之不仅求知欲旺盛，还勤奋学习，所以技艺突飞猛进。顾恺之出生不久，他的母亲就去世了。看到其他小朋友都有母亲，顾恺之便缠着父亲问："我为什么没有母亲？"父亲安慰他说："你有母亲，只是去世了。"顾恺之追问道："那我的母亲长什么模样？"

父亲耐心地给他描述。顾恺之就凭借父亲的描述，经过想象，把母亲画出来了。每次画好之后，他都问父亲像不像，父亲总是在肯定之后表示遗憾。顾恺之知道自己画得还不够像，于是日夜揣摩，苦思冥想，终于画出来一张酷似母亲的画像，让父亲连连称赞"像极了"，才满意地放下画笔。

正因为这样地游于艺，顾恺之才能成为中国历史上著名的大画家。

▌▌ 成杰感悟 ▌▌

志于道对我而言，就是把演讲当成事业，而不单纯是职业。我会把毕生精力都献给演讲事业，鞠躬尽瘁，死而后已。

我常说，一个演讲者最为荣耀的结局就是倒在演说台上，接受所有敬他爱他的听众的哀悼。

没错，演讲不仅仅是职业，还是事业，是伟大的事业。在人类历史上，在不同地区、不同时间里，总有一些人借助演讲组织群众，向群众宣传。演讲家宣传某些真理，宣扬某种主张，是为了推动演讲事业的发展。在人类社会中，那些著名的大演讲家，被誉为人类的铸魂之师。正确的演讲能起到净化灵魂、启迪心智的作用，是一种推动人类社会进步的力量。

如果说，其他事业是关系到人类物质生活的事业，那演讲则是构建人类精神文明的伟大事业。

演讲如同火把，它散发着灼人的热力，让道德与智慧发挥光芒，让生命的火焰熊熊燃烧，去赶走失望者与不幸者的苦闷和孤寂。

中庸：不能太宽，不能太窄

· 李燕杰曰 ·

从孔夫子提出"中庸"的说法后，历代儒学学者都讲究"中庸"之道，后来它就成了中国人的处世之道。"国学热"后，人们重新捡起"中庸"思想，但是很多人并不明白什么是"中庸"。

那么，我们到底该如何看待"中庸"呢？

"中庸"之中，即符合之意。不偏为"中"，不易之为"庸"。

"中庸"之道，即符合祖先礼制的处世之道、治国之道。

用朱熹的话讲就是："以性情言之，则曰中和；以德行言之，则曰中庸。"

用现代人的话来说，"中庸"不是简单地折中，而是驾驭矛盾，并最终证明会超越矛盾的极限，达到自然与人生、理想与现实的高度和谐。守中而不偏，守持"中庸"必然能有包容万物的胸怀和远见，既不畏手畏脚，也不咄咄逼人。进可攻、退可守，妙"中庸"之遣，而不失君子之道，使人格与道最大限度地契合。我写的"正美中善"四字条幅，颇受欢迎。

我觉得，可以用"中庸"来搞清楚国学的内容。国学包括哪些内容？一直以来，都没有一个统一的答案。有的宽些，有的窄点，有的不宽不窄，求其"中"。

我认为，要以"中庸"之法看待，做减法，目的是删除那些可学可不学的。

主要有以下几点：

第一，不要把国学的面讲得太宽。

国学，要有个范围。如果把古代文化全说成国学，那就太宽了。明朝的《永乐大典》，全书 22937 卷，11095 册，约 3.7 亿字，汇集了古今图书七八千种。它的确是古代文化的重要组成部分，但在讲国学的时候，不能把《永乐大典》中所有的书全称为国学。

第二，不要把国学的面讲得太窄。

有些人把国学的研究范围限定在儒、道、释三家，是不妥的。儒、道、释在国学研究中确实是最重要的部分，但不能只限于这三家。中华民族几千年文明史，拥有五十六个民族，当我们讲国学时，既要讲时间，又要看空间。

以春秋战国时期为例，到底有多少家学说？那时礼崩乐坏，一些有识之士都站出来救世，按照《汉书·艺文志》的记载，数得上名字的共有一百八十九家，特别强调的有儒家、道家、墨家、法家、阴阳家、杂家……如果从五十六个民族去研究，各兄弟民族都对中华文化做出过贡献，这些一定不能忽视。

第三，不要把国学的层次拉得太低。

现在有些学者研究国学，只看重《三字经》《百家姓》《千字文》《弟子规》《六言杂字》《幼学琼林》等书。其实这些都属于启蒙读物，或称为中国古代儿童学习的基础教材，我们在国际上讲汉学，不能只讲这些。

年幼时，我从"三""百""千"开始读私塾，从中受益。今后我们教育孩子，也可以从中精选出一部分，但不要认为

"三""百""千"即等同于国学。

第四，不要把国学的层次搞得太俗。

有些学者把《三侠五义》《小五义》《雍正剑侠图》《青城十九侠》《粉蝶儿》《离巢燕》等古代小说也视为国学的组成部分，这似乎太俗。小说、戏剧应选些更具代表性的作品。

第五，不要把对国学的理解讲得太泛。

有些人把古代文化统统认作国学，比如社会上流传的古书都视为国学，这无疑太泛。

上述五种误识如果都能减掉，剩下来的，或许好些。

· **国学镜鉴** ·

在为人处世方面，中国人崇尚"中庸"之道，凡事都讲究不偏不倚。自古以来，许多历史人物都把"中庸"之道作为处理家事、国事、天下事的原则，曾国藩便是其中之一。

曾国藩把"中庸"的实质领悟得十分到位。**"中庸"就是指做事恰到好处**。在特定的情况下，即便是极端的行为，也不违背这一原则。

比如，他在湖南任职时，面对当时民间的种种弊端，处理起来极具"中庸"之道。一方面，他主张严刑峻法，严惩罪行；另一方面，他又一再强调慎用严法。

曾国藩对横行乡里的恶霸施以严刑，轻则皮鞭加身，重则处以斩首。严刑峻法之下，立即起到了良好的治理效果，对于百姓中的顽劣之徒起到了震慑作用。

同时，曾国藩又一再重申慎用严法，以免伤及无辜。他采取了一系列措施，对不同的案件提出不同的要求，不使无辜者受罚。同时，他对罪犯按照律例进行处置，不罪外加罪，还要求对关押的人犯要常往看视，关心他们的生活与健康。

这一切，都让他在当地官声良好，获得了民众的爱戴和敬服。

曾国藩在朝廷居于高位时，也奉行"中庸"之道，低调行事。他的弟弟曾国荃准备在老家新修一所房子，派人把设计好的图纸送到曾国藩手中，请兄长定夺。

曾国藩仔细看过图纸后，感觉房子盖得太过奢华、张扬，便对图纸进行了修改，把大房子改小。他托人带回图纸，并附信一封，说明了自己的想法，认为在国家面临内忧外患的情况下，宅子修建得过大，不合时宜。他提醒弟弟要明白"盈虚消长"的道理，恪守"中庸"之道，三思而后行。弟弟曾国荃便按其嘱咐修了一所小房子，规模不如其他大户人家。

曾国藩以"中庸"之道为官做事，不仅建功立业，而且赢得生前身后极高的名望，被后人称为"第一完人"。

作为方法论，"中庸"强调的是平衡与分寸。在恪守"中庸"之道方面，还有一个人也做得非常好，他就是民国大总统徐世昌。

在晚清时期，徐世昌秉持"中庸"，跟各个派系的人都能交好，从而在政坛上稳立不倒，最终走向政坛巅峰。

他在袁世凯尚未发迹之时雪中送炭，让袁世凯视他为一生至交。

他和维新派人士康有为、梁启超等多有过从，又和守旧派的贵族奕劻、那桐等交情不浅。他既大办新政，又不自命新党。

在民国时期，徐世昌力主共和，反对张勋复辟。在复辟失败后，他又竭力为清帝溥仪卸罪。

袁世凯死后，北洋政府几度爆发权力之夺，徐世昌都成为大家认可的调停人。他先是调停黎元洪、段祺瑞之争，继而调停冯国璋、段祺瑞的矛盾。他能当上总统，也因为他与北洋各派都交好，大家都能接受他。他当选总统后的第一件大事就是南北休兵，以文治国。

五四运动爆发之后，徐世昌没有武力镇压，而是顺应民意，免去章宗祥、陆宗舆、曹汝霖的职务，并拒绝在《巴黎和约》上签字。

"内战"中，徐世昌还保护过共产党人。

种种行为，都说明徐世昌是真懂"中庸"的人，他知道"中庸"不是骑墙，不是首鼠两端，而是公允、有底线。这也让徐世昌在民国和后世得到了相当好的评价。

成杰感悟

人这一生中，凡事都有长有短、有利有弊，如同万物有阴有阳，月亮有圆有缺。

要想经受住人生的种种磨难和考验，"中庸"之道就是处世的良策。

胜不骄，败不馁；志不可得时能屈，志气昂扬时能伸；行事时要考虑周全，学会忍耐，力求和谐，不偏不倚，晓得变通，中正平和。

在生活中，我们要一视同仁，不能嫌贫爱富，不要用势利的眼光看人，这就是"中"；原则不变，公道人心不变，这就是"庸"。

当前社会，人们在物欲的侵蚀下，在多元化价值观的影响下，很容易行为失据，渐渐远离"中庸"之道。人们常常感到心理不平衡，甚至陷入痛苦与绝望之中。

所以，我们只有保持平常心，把心态摆正了，回到"中庸"之道上来，才是消除烦恼、赢得快乐的最佳途径。

对我自己而言，做事能够不偏不倚就是"中"，保持一颗平常心就是"庸"。

积极：不消极、不迷信

· 李燕杰曰 ·

大家知道，我喜欢书法艺术，也经常会写一些书法作品送给别人。

在学习书法的过程中，我学习过很多古代著名书法家总结的经验。

比如，唐朝的大书法家欧阳询，他讲过"八诀"：如高峰之坠石；似长空之初月；若千里之阵云；如万岁之枯藤；劲松倒折，落挂石崖；如万钧之弩发；如利剑截断犀象之角牙；如一波常三过笔。这是他在学习和总结前人的经验后得出的宝贵要诀。

从书法家前辈的话里，我总结出了一个道理：我们学习任何一门学问都要善学，又要善改、善变，创作才能臻于完善。我们绝不能故步自封、墨守成规。

学，就是要研究可意会不可言传之处。

推而广之，我们今天学习国学，不能简单地形成尊孔读经的局面。学习国学绝不是文化复古，而是要改造、要转化的。

不改造、不转化，那就只能是把历史博物馆的标本陈列于世，而不是兴盛于时。

我们今天学习国学，就是要让历史的"标本"活起来，让文物"说话"。

我们要让"文物"与"古人"同时讲话，让现在的年轻人看到中国辉煌的文化历史，看到历史上的教训，看到人类的未来和我们肩上的责任。

我之前研究学习中国文学史、中国文化史、中国图书史，认识到传统文化既有精华，又有糟粕，我们要善于批判继承、推陈出新。为此，我建议大家在学习国学时，要善于批判继承。我曾经说过，学习国学要做"减法"。现在，我们来谈一谈做"加法"，就是要赋予学习国学新的意义。

做加法的时候，讲究：以经增智，以道强慧，以儒修身，以佛养心，以墨济民，以兵安邦，以黄养生。

学习儒家，你要争取让自己成为新时代的"孔夫子"，不要成为迂腐不堪的"孔乙己"。儒家是入世的，讲究"有为"，所谓：为天地立心，为生民立命，为往圣继绝学，为万世开太平。学儒家，应该堂堂正正做人。

学习道家，不要消极、消沉，要从根本上理解老子、庄子的智慧。道家是出世的，讲究"无为"，但并不是悲观厌世。学道家，应该真真切切做人。

学习佛家，要学智慧与真谛，不要迷信。佛家在出入之间都讲"心即是佛，佛即是心"，都讲与人为善。学佛家，应该清清白白做人。

学习墨家，要讲究"兼爱""非攻"，不要弄成泛爱论。

学习兵家，要理解如何"不战而屈人之兵"，不要变得好斗和喜欢乱打仗。

学习法家，要理解法治精神，不要无情无义，不要严刑酷法。

学习阴阳家，要理解"阴阳五行"学说，千万不要阴阳怪气，更不能两面三刀。

总之，我们学习任何国学大家的学问，都要有识别能力，不能机械照搬。

· 国学镜鉴 ·

我们在学习和吸收前人的知识、经验时，要善于领悟，灵活运用，千万不要消极、迷信。在这点上，明代医学家李时珍就做得相当不错。

李时珍出身中医世家，在行医的十几年中，他阅读了大量的古代医学书籍，又经过临床实践，发现古代的本草书籍记载混乱，遗祸无穷。

李时珍并没有像其他医者那样依赖前人所留下的医书来看病问诊，更没有迷信古时的传言，他决心要重新编纂一部本草书籍。为此，他读了八百余种、万余卷的医书，还读过许多历史、地理和文学名著，可谓是博览群书。

在编写《本草纲目》的过程中，李时珍最头痛的就是药名的混杂，这常常让他分不清药物的形状和生长环境。在父亲的启示下，李时珍认识到读万卷书亦需行万里路。于是，在徒弟和儿子的陪伴下，他背起药筐，远涉深山，遍访名医，采集药物标本，搜求民间古方。在实地考察的过程中，李时珍以亲身经历，纠正了前人医书中的谬误之处。

南朝梁时著名的医药家陶弘景曾在书中记载，鲮鲤（即穿山甲）是水陆两栖生活的动物，它白天爬上岸张开鳞甲引诱蚂蚁，等蚂蚁进入甲内再闭上鳞甲潜入水中，然后张开鳞甲让蚂蚁浮出，便于自己吞食。

李时珍对此表示怀疑，为了验证此事，他亲自上山去观察穿山甲。后来，在猎人的帮助下，李时珍捉到了一只穿山甲，解剖了它。当看到穿山甲胃里有许多蚂蚁时，李时珍相信了穿山甲是食蚁动物。但他观察到穿山甲是扒开蚁穴进行舔食，而不是诱蚁入甲下，潜水致蚂蚁浮出以便吞食，所以李时珍纠正了陶弘景的错误记载。

李时珍本着这种怀疑的态度，经过长期的实地调查，理清了许多药物的药理，完成了《本草纲目》的编写。这部书共52卷，约200万字，记载药物1892种，其中新增的药物374种，记载药方10000多个，附图1000多幅，堪称我国药物学巨著，被达尔文称为"中国古代的百科全书"。

李时珍凭借积极、不迷信的态度，成为中国历史上伟大的医学家、药物学家。同样的精神，体现在革命伟人毛泽东的身上。

中国共产党成立之初，属于共产国际领导下的组织。因此，在早期的革命过程中，中国共产党除了与自己正面的敌对阶级进行革命斗争外，还要与党内的错误思想做斗争，防止党的自我削弱和自我失败。

第一次国内革命战争时期，中国共产党的领导思想主要是陈独秀等人的"右倾"路线。事实证明，他们错误的路线直接影响了中国共产党领导力量的发展，给革命造成了严重的损失。

1927年，以蒋介石为首的国民党新右派在上海发动反对国民党左派和共产党的武装政变，即"四一二"反革命政变。蒋介石等人大肆搜捕、屠杀共产党员、国民党左派和革命群众，使"大革命"受到严重的摧残，是"大革命"从胜利走向失败的转折点，同时也宣告国共两党第一次合作的失败。

"十月革命"以后，中国共产党人一直在学习苏联的革命经验，执行共产国际的命令。但是，"大革命"的失败，惊醒了中国共产党人，受到重创的中国共产党不得不根据中国国情来探索属于自己的革命道路。

在这个关键时刻，毛泽东为中国革命找到了一条适合中国国情的道路，这就是"井冈山革命道路"。

秋收起义失败后，毛泽东说服了大多数同志，带领部队上了井冈山，建立起井冈山革命根据地，这也是中国第一块革命根据地。在其后的革命斗争过程中，毛泽东提出了著名的"工农武装割据"理论。在中国共产党的领导下，把武装斗争、土地革命和根据地建设三者结合起来，毛泽东天才地将其概括为"农村包围城市，武装夺取政权"。正是毛泽东提出这样一条具有中国特色的革命之路，为中国革命指明了前进的方向，从而带领中国共产党走向了最终的胜利。

毛泽东的伟大成就即在于他没有消极地看待革命的暂时挫折，没有迷信苏联经验，而是积极探索出适合中国的革命道路。

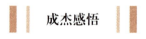

成杰感悟

月缺不改光，剑折不改刚；月缺魄易满，剑折铸复良。

这是宋朝诗人梅尧臣的一首小诗，字数不多，字字珠玑。它写出了一种气魄，一种积极的心态和精神。

世界上最值得称赞的是那些能透过今天看到明天的人，不管他们遇到多么大的挫折和打击都不会消极，都会以积极的心态去应对，这些人才是强者。

一个人，无论是相信命运，还是不相信命运，都不能屈从于命运。

弱者，拜倒在命运脚下。

强者，千方百计掌握命运。

一个生活的强者，是敢于向命运挑战的人。只有敢于向命运挑战，才可能成为掌握自己命运的人。

海明威的《老人与海》就描写了一个这样的主人公：风烛残年的老渔夫在八十四天内都没有捕到一条鱼，但他不肯认输，终于在第八十五天捕到一条身长十八尺、重达一千五百磅的马林鱼。即使在缺乏水和食物，没有武器和助手的情况下，他依然顽强地奋战了两天两夜，终于杀死了大鱼。

怨天尤人，是弱者的行径。强者从不抱怨生活，决不浪费自己的时光。面对烦恼，挥挥手；面对未来，阔步前进。每个困难的战胜，都将赢得一座新的里程碑。

师法：以大师为师，以心为师

· 李燕杰日 ·

子曰："三人行，必有我师焉。"意思是别人的言行举止，一定有值得我们学习的地方。"三"是泛指的意思，不一定只有三个人。

类似这样的名言慧语，我们的老前辈留下了很多，比如"井淘三遍吃好水，人从三师武艺高""老姜辣味大，老人经验多"。

这些话都是教育大家要善于向别人虚心求教，那么我们该拜什么样的人为师呢？韩愈在《师说》中曾写道："是故无贵无贱，无长无少，道之所存，师之所存也。"也就是说，你既要以大师为师，又要以众人为师。

从小到大，我见过不少大师级的人物。我三岁见鲁迅，四岁见叶圣陶、冰心。

有人问我："您最佩服哪些人？"我说："多啦！"

在中国历史上，我最敬佩的人有四个。古代的是屈原和文天祥，他们为国家和民族，为真理和大义甘愿牺牲自己；现代的是鲁迅和闻一多，他们同样为国家和民族做出了巨大的贡献。这四位都是伟大的爱国主义战士和文学家，他们作为优秀的榜样给我以巨大的影响。

鲁迅和闻一多对我的影响主要在铸魂育才方面和演讲方面。在很小的时候，我就深深地爱上了鲁迅，我认为鲁迅是精神文明建设的光辉典范。

我敬佩鲁迅"用无我的爱，自己牺牲于后起新人"，甘当青年人之梯的精神。

我认为鲁迅代表民族之魂，他为了医治国民的灵魂弃医从文。其实他完全可以沉心书斋，创作出更多、更经典的文学作品，但是他却把心思和时间用在教书育人、引导青年上，这点是我最为佩服的。

闻一多在民族危亡之际走出书斋，走向青年，走向十字街头，为祖国和人民奔走呐喊，这也是我最为钦佩的精神。后来，我在演讲中多次提到，大学教授应该迈出书斋，走向十字街头，承担起塑造灵魂、教育青年的责任。

除了学习鲁迅和闻一多两位大师，我还向许多大师请教过。

我每到一处演讲，都会主动结识此处的大师。张岱年、季羡林、文怀沙、南怀瑾、冰心、臧克家、艾青、贺敬之、钱学森等人，都是我敬佩的好老师。

我在演讲之余，兜里随时揣着卡片，逮着机会就把好的语言写下来。学国学得这么学，别放过任何时机。

那天，我去中央人民广播电台国际台参加一个会议，迟到了，非常难堪啊！我一进门，看到最前排座位上坐着的是大科学家钱学森，我赶快鞠了个躬，说："钱老，您好！"

钱学森说："李燕杰，你可迟到了。"我差点脱口而出堵车，但是我转念又想，用堵车搪塞，合适吗？

于是，我说："钱老啊，人类科学每前进一步，大千世界就惩罚人类一次。"钱老马上说："人类每遭受一次重大灾难，总会以更大的进步加以补偿。"

我把钱老的这句话记在了小卡片上，也记在了心里。

还有一次，我在香山饭店参加全国政协会议，会上遇到了著名作家姚雪垠。我就陪他到房间里聊天。刚落座没过两分钟，姚老就说了一句话："人啊，耐得住寂寞才不寂寞啊！耐不住寂寞才更加寂寞啊！"这句话也被我记下来了。

多年前，我拜访著名作家萧军。

萧军拉着我的手说："燕杰，好好干！"

"谢谢您，还有什么嘱咐？"我回答。

萧军说："告诉年轻人，搞学问，抓根本。"

"抓什么根本啊？"我问。

萧军说："中医、西医甭管多伟大，就俩字，一呼一吸，停止呼吸就完蛋。军事家就是一攻一守、一胜一负。企业家就是一买一卖、一赔一赚。李燕杰，你们搞文艺的人就是一善一恶、一美一丑。"

萧军老人的这句话，我记在了小卡片上，也深深地铭刻在心中。

· 国学镜鉴 ·

中国有个成语叫"文人相轻"，说的是知识分子之间容易互相看不起。

我倒认为，知识分子之间要相亲，不要相轻。

子曰："三人行，必有我师焉。"假如一生当中没见过几个真正有大学问的人，你就不知道自己有多么平凡、渺小。

幸好，在历史上，还是有不少人能够明白这个道理，放下身段去以大师为师的。宋代著名学者吕大临就是其中之一。

2015 年，两岸领导人会面并致辞，马英九引用了宋朝大学者"横渠先生"张载的一句名言："为天地立心，为生民立命，为往圣继绝学，为万世开太平。"

这句话被称为"横渠四为"，因其言简意宏而被人们传颂至今。

"横渠先生"张载是儒家学派的著名学者，"关学"一脉的宗师。他在宋仁宗嘉祐二年（公元 1057 年）考中进士，这时候的张载已经颇有名气，常常被人请去讲学。吕大临在求教之后，对张载的学问心悦诚服，拜其门下。

吕大临痴迷学问，在拜张载为师后，他听了著名理学家、"洛学"一脉宗师程颢、程颐兄弟的讲学，大为叹服。张载去世后，吕大临便赶赴洛阳，拜程颐为师。虽然成为"二程"门徒，吕大临却不放弃张载"关学"的基本思想及宗旨，使"关学"不断发展。

无论师从张载，还是后来追随"二程"，吕大临都获得了极大的重视。在张载门下时，吕大临以学识文采博得张载之弟张戬的赏识，并娶了其女。追随"二程"后，在众多门徒中，吕大临以其学识文采被称为"程门四先生"之一。

像吕大临这样，先后师从儒学中两个重要学派的创始人，并且被这两个学派视为代表性人物，同时得到时人及后人一致好评的学者是非常罕见的。这就是他"以大师为师"的理念和做法所带来的结果。

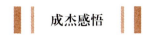

成杰感悟

　　读万卷书不如行万里路，行万里路不如阅人无数，阅人无数不如名师指路。这句话点出了拜师的重要性。

　　我们学习一门学问，光靠自身的实践积累，过程是比较缓慢的，而且有时会进入"迷宫"。

　　我们通过向无数的人学习，借鉴他们的长处，弥补自己的短处，远比自己摸索学习的速度快。

　　所谓"旁观者清"，如果有专业知识丰富的名师或权威人士指导，很多问题会在瞬间茅塞顿开。如此快速解决问题，可以使自己的能力得到进一步的提升。

　　所以，遇到可以拜师者，一定要拜师学习。

第六章

经增智，道强慧，儒修身，佛养心：

如何智慧地认识国学

鷄

首戴冠者文也，足搏
距武也，遇敵敢鬥勇也，
見食相呼仁也，守夜不失
時信也

志鈞書
窗儿前

儒家：有所作为，方能立世

· 李燕杰曰 ·

谈国学，不能不谈儒学；谈儒学，不能不谈孔子。

中国历史悠久，文化源远流长。儒学诞生之后的两千多年里，一直对人类产生着重要的影响。

儒学的开创者孔子，在封建社会是所有读书人心中的圣人，是一个至高的存在。元朝大德十一年（公元 1307 年），元武宗封孔子为"大成至圣文宣王"。直到现在，孔子的地位仍然很高，被称为文化圣贤。

孔子的一生中，始终用"仁爱"影响众生。孔子对曾子、子贡讲："吾道一以贯之。"这个"一"就是仁字。据我统计，

"仁"字在《论语》中共出现过109次。

那么，什么是"仁"呢？

一则，"仁"讲人的品德，要仁厚、仁慈、仁爱。

二则，"仁"讲人的本心、本质，子贡讲的"性与天道"就是仁与命。

在那个战乱频发的年代里，孔子用他"仁"的思想照耀天下四方，也吸引了很多追随他的弟子。

据说，孔子一生传授弟子三千，内有七十二贤人。特别是他晚年在河南游学的那段时间，更使教育结出累累硕果。这是他人生的高峰，也是他"职业"生涯最光辉的时刻。

在教育上，孔子强调有教无类、因材施教，这些观念都很好。

有教无类，就是教育没有"类"的差别。所有人，不论贫富、贵贱、善恶、智愚，都可以接受教育。

孔子认为，只要他人肯求知，愿意拜我为师，我就会传授他学问。这在当时的社会是很有进步意义的，因为能够受得起教育的，多半是贵族子弟，平民老百姓的孩子是没这个资格的。

在孔子这里，无论上下尊卑，只要给孔子交了束脩，他就会收下这个学生，认真传教于他。所以，孔子的弟子来自各个诸侯国，既有贵族子弟，也有平民百姓。总之，谁想接受教育，孔子就给谁接受教育的机会。

因材施教是指根据学生的志趣、能力等具体情况进行不同的教育。

《论语》里记录了一个孔子因材施教的故事。

孔子的学生子路向他求教："老师，我听到了好的事情，就要马上实行吗？"孔子回答他："不行，有父兄在世，怎么能马上实行呢！"孔子的意思是告诉他，做事情之前要考虑家庭情况，征求父兄意见。可是，当孔子的另一个学生冉有问了同样的问题时，孔子给出了截然相反的答案："没错，听说了就要实行！"

孔子不同的回答让他的学生公西华大为不解，就问老师怎么回事。孔子说："求也退，故进之；由也兼人，故退之。"意思就是：冉有（也叫冉求）性格比较懦弱，所以我就有意鼓励他，让他走快一点；而子路（也叫仲由）个性比较好胜，所以我就有意抑制他，让他缓和一些。

这就是孔子根据学生的性格不同，在回答问题时有针对性地加以引导。

我是做教育的，所以特别认同孔子这些理念。

其实说起来，孔子对儒学弟子们、对后人，在思想上最大的影响是"知其不可而为之"。

孔子一生经历坎坷，虽然在后世备受推崇，但在他生活的时代，更多是被人们看作一位知识渊博的学者。

在政治上孔子并没有实现自己的理想，失望之下，他离开鲁国，开始长达十四年周游列国、宣讲思想的行程。

为了实现自己的理想，孔子带领弟子们奔走列国，风餐露宿不说，还多次面临危险。比如，有一次，孔子师徒被困在陈、蔡之间，七天不能生火做饭。子路在淮阳蔡池旁给老师挖菜根吃，一时传为美谈。

处处碰壁之下，孔子可以说是沦落到绝境，但是他并没有放弃自己的理想，依然去游说列国诸侯。孔子用行动表达他对"仁"的信念与执着，这就是"知其不可而为之"的精神。

现在我们讲国学就要讲到儒学，讲儒学就要讲到孔子。孔子"知其不可而为之"的精神值得我们现代人珍视和学习，对我们而言，人必须有所作为，才能在这个世间立足。

国学镜鉴

《周易》讲："天行健，君子以自强不息；地势坤，君子以厚德载物。"

《左传》有言："太上有立德，其次有立功，其次有立言。"

这些古人的金玉良言告诉我们：人这一生，要有所作为，才能不白来世上一遭。

有所作为不仅仅是指名利双收、得享富贵，最主要的是要对社会和他人做出贡献。这个道理，很多人很早就明白了，他们在各自的行业中拼搏奋斗，流血流汗，贡献巨大。当然也有很多人明白得晚一些，但是你只要明白了，开始改变了，任何时候都不晚。

三国时的周处就属于明白得晚的。周处是义兴阳羡（今江苏宜兴）人，鄱阳太守周鲂之子。作为一个标准的"官二代"，周处从小生活富足，精神空虚，没少折腾。不到二十岁，周处就膀大腰圆。他不拘小节，任性胡为，搞得家乡父老都烦他，认为这孩子迟早会成为祸患。

周处也不傻，他知道自己形象不好，心里也不是滋味，想改变自己的形象。他听人说附近山中有猛虎和水中有蛟龙为害乡里，就准备去为民除害，他收拾好武器便出发了。

周处先是进入深山射杀了老虎，然后跳到水中去擒杀蛟龙。蛟龙拼命挣扎，带着周处时沉时浮，游出去几十里。经过三天三夜的搏斗，周处才杀死它。当周处杀死蛟龙回来时，听说家乡父老以为他和蛟龙同归于尽而互相庆贺，才知道自己多么受人厌恶。

醒悟之下，周处去拜访陆机、陆云两位学者。当时陆机不在，他见到陆云，道明来意，沮丧地说："我想改过自新，修养德行，但是年纪已大，怕来不及了。"陆云教导他说："人要想有所作为，任何时候都不晚。你应该担心志向不立，何必害怕美名不彰呢？"

于是，周处奋发学习，磨炼操行，最后成为"忠烈果毅"

的一代名臣。

我们可以想一想，倘若周处没有立志有所作为，没有发奋学习，那么他最终只能是历史上一个默默无名的纨绔子弟。所幸的是他幡然醒悟、奋发向上、有所作为，成为一世名臣。

苏洵也是世家子弟，家境豪阔。在二十多岁的时候，整日四处游玩，不务正业。

有一天，苏洵的哥哥苏涣问他："兄弟啊，你游历了那么多的名胜古迹，能不能写点文章，让我看看它们有多么雄奇秀美？"

苏洵顿时就被难住了，他确实看过不少秀美风景，但是憋在肚子里写不出来，急得他满头大汗。苏涣看到他的窘态后，笑着说："兄弟，给哥哥说说，总可以吧？"

苏洵忙说："可以，可以。"然后他就开始用大白话给哥哥描述优美的风景。可是说着说着，他的声音越来越小，语速越来越慢。因为他发现自己词汇匮乏，翻来覆去总是那几个大家都用滥了的词。最后，苏洵垂头丧气地说："算了，哥哥，兄弟我读书少，说不出来。"

苏涣意味深长地看了弟弟一眼，趁机开始教育他要好好读书，给他讲"人要有所作为方能立世"的道理。

以前总是不耐烦的苏洵在这会儿终于听进去了。他开始闭门读书，给自己列出了长长的书单，通宵达旦地阅读《左传》《国语》《战国策》《史记》《汉书》等典籍。

在虚耗了二十几年的光阴后，苏洵立下"有所作为"的志向，整日端坐书斋，苦读经典。经过不断的努力，苏洵著书立说，最终成为一代文学名家。

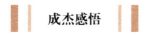

成杰感悟

从小，我就懂得一个道理：大丈夫生于世间，当顶天立地，有所作为。

当我还是一个贫穷的山村少年时，我就立下了这个志向——要有所作为。

俗话说：常立志不如立长志。幸运的是，我属于"立长志"的这种人。

当我跨入演讲这个门槛后，我觉得找到了能让自己"有所作为"的行业。为此，我决心不断前进。

我每天早上六点钟起床，做完一百零一个俯卧撑，就跑到出租屋后面的一座山上练习演讲。我站在山顶上，对着万里碧空，大声喊出自己的人生目标。

后来，我给自己制订了一个"在黄浦江边演讲的一零一计划"。此后连续的一百零一天里，我每天早上六点起床，做完一百零一个俯卧撑后，拿上书，跑步三公里，来到黄浦公园的外滩广场。

　　在公园里，我找到一个最为开阔的位置，面对波光粼粼的江水，练习演讲两个小时，风雨无阻。即便是面对晨练者们怪异的眼神，我也没有放弃过。

　　正是通过这样的磨炼，我最终得到了成长和提高。

佛家：与人为善，修养身心

· 李燕杰曰 ·

佛教是当今世界上流传最广的宗教之一，信徒遍布全世界。

大约在两千五百多年前，释迦族的尼泊尔国王子乔达摩·悉达多出生了。后来，他创建了佛教，被佛教信众尊为释迦牟尼佛，即为释迦族的圣人。

这时是中国的春秋时期。此时，在中国出现了孔圣人，在尼泊尔出现了释迦牟尼佛，他们都是开宗立派、名传千古的思想家、哲学家。

佛教的一大主旨就是宣传"与人为善"，讲究修养身心。

有人讲，禅是人生旅途的思想驿站，或称为"街心公园"，人们可从中得到小憩。也有人讲，它是超越世俗与冥合自然的精神境界。

佛教认为：世间万事万物都是彼此影响、互相关联的。任何人和事物都无法脱离各种条件而独立存在。

人生是缘起的，缘起的人生是需要互助的人生，社会因此而形成一个互相关联的缘起网络。个人的存在缘起于众人，个人无法离开众人而孤立存在。

从这个意义出发，人生最重要的不在于求取个人享受，而在于谋取社会全体的大幸福。

所以，佛教提倡破除"小我之私"，讲究"与人为善"，在人类的共同完善中实现自身的完善。

当然，佛教主张将个人融入社会，并不是说要失掉自我，而是强调"与人为善"，希望人们不断提高自己的道德素质。

如果我们能够将个人融入社会，学会"与人为善"，那么我们的家庭关系、社会关系就会和谐无比，建立和谐社会与实现"中国梦"的理想就为之不远了。

佛教宗门林立，学派众多。在理论上最有影响的有八大宗派：三论宗、瑜伽宗、天台宗、华严宗、律宗、禅宗、净土宗、密宗。

禅宗是中国佛教的产物，讲定慧品，强调顿悟。

禅是由天竺语音翻译过来的——禅那，也译成静虑。禅定即安静沉思，只许静坐，不许卧床睡眠。

禅宗对中国古代的士大夫影响很大，这些士大夫们追求玄而又玄的心灵超越。禅宗正好适合他们轻于外在行迹、重于内心感悟，轻于神明信仰、重于心灵空寂的特点。

有人讲：禅宗是没有上帝的宗教，也是没有天堂的宗教。

禅宗一派，有许多著名的公案，其中最为著名的一个就是禅宗五祖衣钵的归属问题。

当时，禅宗五祖弘忍门下有众多弟子，当他自觉年老力衰的时候，便召集众多弟子来，想把衣钵传给他们。

五祖弘忍告诉弟子们："你们每人各作一首偈子给我看，我会从中判断出你们的境界，从而看出你们是否见道。见道的人就可以得到我的衣钵，成为六祖。"

众弟子中，最受大家钦服的上座弟子神秀欣欣然地站了起来，作了一首偈子：

身是菩提树，心如明镜台。时时勤拂拭，勿使惹尘埃。

念完，他得意地看着师父，胸有成竹地认为这六祖的位置非自己莫属。

没想到，五祖弘忍不以为然地说："神秀，你的偈子还不错，但是尚未见道。"

神秀顿时尴尬地愣在那里。

这时，一个僧人站起来，说自己也有偈子。大家一看，都窃笑不已。原来这个僧人是在舂米房工作的惠能，大家都不相信这个干粗笨活儿的僧人能说出什么妙语来。

惠能沉稳地吟出一首偈子：

菩提本无树，明镜亦非台。本来无一物，何处惹尘埃。

惠能认为，在佛性或真空之心，并不另外有尘埃存在。他针对神秀"逐渐修行"的观点，提出"心性本净"之说，宣称佛性本是人人具备的：心是佛，佛是心。

五祖弘忍听后，大喜过望，认为这才是见道的弟子，便把衣钵传给了他，惠能成为禅宗的六祖。

从这两首偈子可以看出：禅秀的境界虽然很高，但仍不免于有所造作。惠能认为世间一切本无所"失"，又何来所"得"呢？一个"有"，一个"无"，难怪惠能可以继承五祖的衣钵。

· **国学镜鉴** ·

佛教的诸多理念中，最重要的是善念。我曾写"智者乐善"四个字，影响颇大。在历史上，有很多广为行善的佛门高僧。

隋朝大业七年（公元 611 年），九江郡广济县（今湖北广济）遭逢大旱，田地龟裂，寸草不生，饥民遍野。当时的禅宗四祖道信不忍心看到饿殍遍野，就率领弟子徒孙与众僧侣念经求雨。同时，他还发动百姓上太平山、横岗山采集野菜度荒。

有百姓苦求僧众祈福，让佛祖降雨。四祖道信就想出一个办法，他发动当地百姓砍柴晒干，点火燃烧，持续数日后，果然大雨倾盆。

实际上，四祖道信施行的就是人工降雨。他发动百姓烧火，使烟雾长时间弥漫天空，迫使冷空气下降，利用冷热空气的对流使降雨成功，造福了一方百姓。

佛教高僧不仅行善，而且能够劝人向善。

唐朝宰相裴度，少年时比较顽劣。有一次，一位高僧来到他家给他看相。

高僧说："你的相貌很好，今后可以位至三公。"

裴度大喜，但是将信将疑，问："真的吗？"

高僧说："真的，只要你坚持做好事、不做坏事，一定可以身居高位的。"

那个年代的人都比较信奉佛教，因此裴度听到高僧说得如此郑重，便深以为然。

有一天，裴度在赶庙会的时候，捡到了两条贵重的玉带。若是以前，他一定会兴冲冲地拿回家，但是因为高僧的那番话，裴度老老实实地在原地等失主。

失主果然来了，是一位很富有的财主。他抱着一线希望回到原地，意外地发现了拿着玉带的裴度。为了表示感谢，财主要送给裴度一条玉带。

裴度拒绝了，说："我要是贪心的话，就不会在这里等你了。"财主肃然起敬，再三感谢裴度。

正因为坚持做好事，行善举，裴度入朝为官后，以人品端方、与人为善赢得了众人的支持，成为一代名相。

同样接受高僧点化奉行善举的历史名人还有《了凡四训》的作者袁黄。

袁黄，字坤仪，后改号了凡。他博学多才，著述甚丰，涉及天文、地理、水利、军事、医药等方面，除《了凡四训》外，还有《历法新书》《皇都水利考》《袁了凡纲鉴》等。

袁了凡在年轻的时候，遇到了著名的云谷禅师，受到指点后一生以善为念，广做善事。到了晚年，袁了凡将学佛、做善事等事迹写成家训，传之子孙，世称《了凡四训》。他在书中特别提到云谷禅师对他的指点，说云谷禅师赐给他的微言大义是最精微、最高深的为人之道。

成杰感悟

佛教是劝人向善的宗教，不管我们是否信佛，都需要铭记：与人为善。

心善的重要表现就是有爱心。我们可以诚实地面对自己，扪心自问：我们是否爱别人？爱我们的父母？爱我们的兄弟姐妹？爱我们的伴侣？爱我们的朋友、同事？

我们在家里要爱家人，尽心去做力所能及的家务，让家变得更美。

我们出门在外要爱他人，助人为乐，不求回报。这样能让社会变得更美。

虽然爱的深浅不同，但是一定要有爱心。爱别人、尊重别人、接纳别人，可以让一个人的内心真正快乐起来。

一个人心中有爱，脸上便会自然地带出和善的笑容。

如果每个人都能心中有爱，那么世界将会变得更加和谐。

道家：有所为，有所不为

· 李燕杰日 ·

我读过诸多经典，庄子的《南华经》是最有意思的一本。庄子擅长用寓言把原本枯燥的道理讲得很有趣。

其中，有个故事是这样的：

一天，庄子正在河边垂钓。有两位楚王派来的大夫找到他，请他去做官。

一位大夫说："我们大王早就听说先生您很有学问，准备把国事交托于您，还请先生不要推辞。"

庄子专心钓鱼，并不当回事。

直到另一位大夫也开口相请，庄子才淡然道："还请二位回去禀告楚王，我不去。"

两位大夫十分诧异，忙问为什么。

庄子道："我听说你们楚国有只神龟，已经三千岁了。有人把它杀死，献给楚王。楚王非常珍视，把神龟的尸骨装进竹箱，上面盖上锦缎，供奉在庙堂之上，有没有这件事？"

两位大夫点头承认。

庄子接着问："那么，请问二位，这只龟是愿意在死后受到隆重的供奉，还是愿意活在泥塘里，拖着尾巴行走呢？"

两位大夫说："当然是后者啦。"

庄子笑了，说："那请二位回去禀告楚王，我也愿意在泥塘里拖着尾巴行走。"

庄子通过这个故事阐明了一个观点：**君子当有所为，有所不为**。

庄子，名周，是我喜欢的一位古圣先贤之一。他是老子道学的继承者，是道家学派在战国时期的主要代表人物。因为他与老子齐名，故而后人称道学为"老庄哲学"。

庄周是一位性格伟岸之士，豪放且浪漫。当儒家、墨家、法家都在讲社会秩序时，他讲个性，讲顺乎自然，任其性命之情。

庄子之妻去世，他不仅不哭，还敲盆唱歌。朋友惠施批评他，质问他怎么能够这么没心没肺。庄子坦然地说道："人的生老病死，如春夏秋冬的轮回，乃是自然规律。那么，我为什么非要哭呢？"

这就是庄子。在我心中，他永远那么率真，那么潇洒，那么玩世不恭。

"老庄哲学"给我留下极深的印象。我在讲中国文学史、中国文化史、中国图书史的时候，从来离不开"老庄哲学"，不能不讲老子、庄子。

特别是讲到中国文学史上浪漫主义诗人的时候，我总会想到庄子的思想。

庄子继承了老子哲学的基本立场，体系更为广阔、宏大，内容更为丰富、活泼。在他的论述中，有寓言，有故事，比喻特别多。构思之新奇，运思之深邃，用语之巧妙，先秦诸子几乎没有人能超过庄子。

我经常请同学们读庄子的《南华经》，相信他们会看到很多有益而浪漫、深刻而发人深思的论辩。

庄子的《逍遥游》颇受学生欢迎，有同学讲："李老师，别人讲《逍遥游》能把人讲得消极了，您讲《逍遥游》却能把人讲得潇洒又开朗。"

我到全国讲学，每到一个地方总爱打听当地有什么名人故居，有什么文化遗迹。有一次，我到安徽蒙城，专门去看了庄周故里。那时候，著名相声演员牛群在蒙城挂职当县长，人们就跟我开玩笑，讲："庄子逍遥，牛群潇洒，李燕杰既逍遥又潇洒。"

·　国学镜鉴　·

"无为而治"由老子提出，是道家的基本思想。

老子认为：天地万物都是由"道"化生而出的，而且其运动也遵循了"道"的规律。

人法地，地法天，天法道，道法自然。由此可知，"道"最根本的规律就是自然。

既然如此，人们对待事物就应该顺其自然，不对它横加干涉，不以"有为"去影响事物的自然进程，让事物按照自身的必然性自由发展，使其处于符合"道"的自然状态。此即所谓"无为而治"。

"无为而治"作为一种政治原则，具体措施就是统治者不折腾、不妄为。这种政治原则，在西汉初期施行得最为有效。

历经多年战乱，汉初社会经济遭到严重破坏，生产力极其落后。相国萧何针对当时的国情制定出了一系列有利于人民休养生息的政策，经过多年实施，取得了明显的成效。

汉高祖刘邦去世后，汉惠帝即位。此时，萧何也已去世，他去世前推荐曹参接替自己的位置。曹参上任之后，并没有"新官上任三把火"，而是无所作为，整日轻松地上朝、下朝，要不就是召集朋友喝酒。

汉惠帝看到曹相国过得如此清闲，根本不操心国事，心里很不舒服。他以为相国是嫌自己太年轻，以致产生轻视，不愿意尽全力来辅佐。汉惠帝有心督促曹相国，又考虑到对方是辅佐先帝打天下的老臣，不能轻易得罪，只好憋在心里。

终于有一天，汉惠帝忍不住了。他找来相国曹参的儿子曹窋，对他说："你休假回家的时候，顺便帮我试探下你父亲的态度。"

曹窋莫名其妙，就请示皇帝具体该怎么办。

"你就对你父亲说：'皇帝年轻，缺乏治政的经验，需要相国多加辅佐，君臣协力，才能处理好国事。您现在整天和朋友宴饮，不过问朝廷政务，长此以往，国事还怎么能处理得好呢？'"汉惠帝说完，还认真地嘱咐曹窋，不要让相国知道这是皇帝的意思。

曹窋领了皇帝的命令，休假回家。他在服侍父亲的时候，把皇帝的意思委婉地说给父亲。

不料，曹参听了儿子的话后勃然大怒，狠狠地对儿子实施了家法，边打边骂道："你个乳臭未干的小子懂什么？这些是你该过问的吗？"

曹窋见到皇帝，面红耳赤地如实做了汇报。

汉惠帝百思不得其解，第二天下朝后留下曹参。

皇帝鼓起勇气，带着责备的口吻，说："相国，曹窋昨天说的那番话，是我授意的。我不明白，你有必要发那么大的火吗？为什么要责打你的儿子呢？"

曹参听后，立即摘下帽子，下跪谢罪。

汉惠帝叫他起来，问出了自己一直以来的疑惑。

曹参想了想，笑了。他说："陛下，臣这么做，正是为了好好处理朝政啊！"

"哦？请相国说得明白些。"汉惠帝大为不解。

"陛下，请您仔细想想，您和先帝相比，谁更贤明呢？"

汉惠帝不好意思地说："我怎么敢和先帝相比呢？"

"陛下，再请您想想，臣和萧相国相比，谁更有才呢？"

汉惠帝笑着说："当然是萧相国更有才了。"

"这就对了。"曹参开导皇帝："陛下，您比不上先帝，我又比不上萧相国。既然如此，朝廷现在执行的所有规章制度，都是先帝和萧相国一起制定的。这些规章制度明确而又完备，在执行中又被证明是有效的。那么，我们还有必要去制定别的规章制度吗？"

汉惠帝沉吟不语，若有所思。

曹参趁热打铁，诚恳地对皇帝说："陛下，您乃守成之君，并非开国雄主。我们辅佐您，就应该谨慎从事，恪守本职。这样照章办事不是很好吗？"

汉惠帝听后，彻底明白了，连连点头称是。从此之后，他再也不认为曹参怠政了。

曹参在任相国的数年之中，主张"无为而治"，遵照萧何制定的规章制度理政，使西汉初年的政治和经济飞快发展，留下了一段"萧规曹随"的佳话。

曹参力主的"无为",并非真正的庸碌无为,而是在大方向上不妄为、不乱为、不折腾、不扰民。在政策执行的细节方面,他还是恪尽职守的:比如,他坚持以"贤德忠厚"为标准来选拔人才,罢免了很多钻营拍马、巧言令色之徒;又比如,他在执法之道上坚持量刑从宽、不苛察细过;再比如,他坚持节用为本、不浪费国资民力……

正是因为"萧规曹随"的"无为之治",西汉王朝才能够得以迅速恢复元气,为日后的"文景之治"奠定了基础。

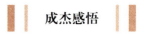

成杰感悟

"无为而治"是道家哲学的核心思想,对我们管理者来说也是非常有启发作用的。

无为并非什么也不做,而是有所为,有所不为。

也就是说,领导者要明白自己该做哪些事,不该做哪些事。

身为领导者,不能事必躬亲,要懂得适当地放权。否则,不但琐事缠身,还会徒劳无功。

人的精力是有限的,一个高明的领导者要学会集中精力,把全部精力放到最重要的工作上去。

对领导者而言,最重要的工作是决策,是用人。领导抓住了这两点,其他日常工作即可放权给下属。

在日常工作中，你的下属往往比你更了解实际情况，他们在很多情况下更有资格做出决定。

放权的重要性就在于：可以解放领导者的精力，可以培养下属的独立自主性。

当前，传统的金字塔形企业管理结构正在被新的模式所取代，即高度委托制度。

这种制度就是要求领导者"无为而治"，合理地下放权力，发挥下属的管理才能。

墨家：以兵安邦，济民与安

· 李燕杰日 ·

鲁班被尊为木匠行业的鼻祖，并不是说他是最早的木匠，而是他对木匠这个行业贡献很大，在很多技术方面开了先河。

历史上的鲁班，其实姓姬，公输氏。因为他是鲁国人，所以被人称为鲁班。鲁班擅长木工，设计制作出很多威力巨大的攻城器械，当时很受诸侯国的重用。

鲁班一辈子只输给过一个人，而且输得心服口服，这个人就是当时著名的思想家墨子。墨子生活在春秋末、战国初，他开创了墨家学派，墨家在先秦时期影响很大。

那个年代，墨学和儒学一样，是显学。墨子在当时社会的上层、中层、下层都有着很高的名望，上层认为他是大学者，中层认为他是文理兼通的大智者，底层认为他是关心弱者、行侠仗义的大丈夫。

墨子，的确担当得起这个评价。

墨子所宣传的思想有十多项，在当时是十分难能可贵的。他宣传什么呢？兼爱、非攻、尚贤、尚同、节用、节葬、非乐、非命、天志、明鬼。

用现在的话来讲，这些思想大概就是：推崇平等与博爱；反对战争；选贤举能，为君为官；推崇君主、百姓上下一心，实行义政；要求君主与贵族生活简朴，不要厚葬；不要靡靡之音；要通过奋斗来改变命运；希望人们敬畏天道和鬼神，不做坏事。

这些思想在两千多年前是很有震撼力的，现在看来也具有非常大的进步性，所以墨子堪称"大学者"。

为什么说墨子是"文理兼通的大智者"呢？因为他在物理学上也有很高的造诣。

墨子给出了"力"的定义。他说：力，刑之所以奋也。这里的"刑"即"形"，可解释为物体，"奋"可解释为运动的加速。也就是说，力是使物体运动的原因。

墨子也给出了"动"与"止"的定义。他说：止，以久也，无久之不止，当牛非马也。意思是物体停止运动来自于阻力的作用，如果没有阻力，物体会永远运动下去。这样的观点，被认为是牛顿"惯性定律"的先驱，超出时代一千多年。

墨子还对杠杆原理做出了精辟的表述。他指出，称重物时秤杆之所以会平衡，是因为"本"短"标"长，"本"即为重臂，"标"即为力臂，这就是杠杆原理。墨子得出杠杆原理比阿基米德早了两百年。

在光学上，墨子做出了非常大的贡献。墨子是世界上第一个进行光学实验，并对几何光学进行系统研究的科学家。著名科学家李约瑟在《中国科学技术史》里肯定了墨子关于光学的研究："比我们所知的希腊的为早""印度亦不能比拟"。墨子探讨了光与影的关系，进行了小孔成像的实验，对平面镜、凹面镜、凸面镜等进行了相当系统的研究，得出了一系列几何光学的基本原理。

最后，墨子还对声音的传播进行了研究，并把声音共振的物理原理用于战争。比如，他教导学生如何在守城时预防敌人挖地道攻城：可以每隔三十尺挖一井，置大罂（盛水贮粮之器皿）于井中，罂口绷上薄牛皮，派听力好的人伏在罂上侦听并做好御敌准备。

墨子在社会底层也有着很高的声望，这与墨子和墨家弟子们的行侠仗义、维护和平之举密切相关。

这么一个思想先进、文理兼通、行侠仗义的大学者、大英雄，人们怎么能不喜欢呢？

对我而言，墨子是大学者，也是大学者中的大英雄。我爱老子，敬孔子，但是我更佩服墨子。我自幼喜欢墨子，因为墨子处于底层社会，重科学、行侠仗义，这些与我幼年时期遭受日寇压迫，长期处于水深火热、挣扎在饥饿线上的生活经历有关。

我敬佩墨子绝不仅仅是因为穷人间彼此的心态相同，而是从国家利益与民族利益出发。今天的中国，仍然需要关心弱势群体的"弱势哲学"。

国学界重儒家、道家、释家，法学界重法家，唯独墨家没有被摆在应有的地位，这很不公平。那些真正有远见卓识的人给予墨子很高的评价，并且以之为师。鲁迅称墨子为"中国的脊梁"；毛泽东说墨子"是比孔子更高明的圣人"；梁启超、胡适都研究过墨学之深意，墨学的平民性、科学性、逻辑性。

所以，我认为我们现在学习国学，应该重视墨子和墨家学派以兵安邦、济民与安、魂道器术兼顾、文理兼通的思想。

· **国学镜鉴** ·

墨子是一个极力主张维护和平的大学者。

为了宣传自己"兼爱""非攻"的思想，墨子不辞劳苦，走遍四方。

他的朋友巫马子实在不理解他的做法，就对他说："你主张爱天下的所有人，也得不到什么好处；我不爱天下的所有人，也得不到什么害处。既然咱们的主张都没有什么结果，为什么你还要坚持自己是对的，认为我是错的呢？"

墨子没有直接回答，而是讲了个故事，他说："如果这里起了大火，有两个人，一个找来水准备扑灭火，另一个拿着燃料准备助长火势。这两个人的行动虽然都没成功，但你赞同谁呢？"

巫马子说："我当然赞同那个准备灭火的人，不赞同那个准备助燃的人。"

墨子笑着说："我也是赞同自己而不赞同您。"

这个故事说明墨子对于自己的主张坚定。实际上，墨子不仅提出理念，并且身体力行地阻止了许多场战争的发生，最著名的一次就是墨子通过"打败"鲁班而阻止了楚国攻打宋国。

当时，鲁班替楚国打造出了云梯等攻城的利器。楚国国君大喜，准备把这些器械用在攻打宋国的战争中。

墨子听到这个消息，决定阻止这场战争。他从鲁国出发，步行十天十夜，到达楚国郢都。墨子不顾满身疲惫和脚上磨出的血泡，立刻去拜见鲁班。

鲁班见到墨子，非常意外，询问他的来意。

墨子说："北方有一个人欺侮我，我请你帮我杀了他。"

鲁班一听，很不高兴，生气地拒绝了。

墨子说："我奉送十金，请你帮忙。"

鲁班大怒，说："我坚守道义，不杀人！"

墨子听完笑了，起身行礼说道："我在北方听说你制造出云梯，要用它来攻打宋国。那么，宋国何罪之有呢？楚国的国土广阔、人口稀少，牺牲本就稀少的人口去争夺并不缺乏的土地，这是不明智的；楚国明知宋国无罪而攻打它，这是不仁义的；你知道这些道理却不劝谏楚王，不能称作忠；假如你劝谏过却没有成功就放弃了，这不能称作坚持；你崇尚仁义，不肯杀掉欺负我的一个人，却要为楚国攻打宋国而杀死更多的人，这不能叫作明白事理。"鲁班听后无言以对。

墨子乘胜追击，说："既然如此，你为什么不停止战争计划呢？"

鲁班推卸责任，说这件事情已经被楚王首肯了，无法停止。墨子要求拜见楚王，鲁班无奈，只好引墨子拜见楚王。

墨子给楚王讲了个故事："有一个人，他放着自己装饰豪华的车不用，却想要去偷邻居家的破车；放着自己华丽的衣服不穿，却想要去偷邻居家粗陋的衣服；放着自己的美味佳肴不吃，却想要去偷邻居家的粗茶淡饭。大王如何看待这样一个人呢？"

楚王笑嘻嘻地说："这人一定是有毛病，偷盗成瘾。"

墨子说："对啊。大王可以想想，楚国的土地方圆五千里，宋国的土地方圆五百里，这就如同装饰豪华的车与破车相比；楚国有松、梓、楠、樟等名贵木材，宋国连高大的树木都没有，这就如同华丽的衣服与粗陋的衣服相比；楚国的云梦泽、长江、汉水里物产丰富，宋国却是一个连野鸡、兔子都没有的地方，这就如同美味佳肴与粗茶淡饭相比。所以，大王，您派军队攻打宋国，和这个偷窃成瘾的人有何不同呢？"

楚王很尴尬，但是一口咬定："即使如此，我也要攻打宋国。"

墨子见不能打消楚王攻宋的念头，便换了一个角度来游说。

墨子说："大王，我会亲率弟子去保卫宋国，楚国打不赢的。"

楚王不信，自信地说："先生错啦，我有天下第一能工巧匠鲁班，他给我制造出了云梯，怎么会输？"

墨子笑道："那就让我和鲁班为您现场推演一下吧。"

于是，墨子解下衣带模拟城墙，用木片当作守城器械，示意鲁班攻城。

鲁班不服气，他使用了很多种攻城的战术，墨子都巧妙地抵御了。最后，鲁班的攻城方法用尽了，墨子的抵御方法还绰绰有余。

鲁班无计可施、恼羞成怒，威胁墨子说："我知道可以制服你的方法，但我不说。"

墨子一愣，随即明白了，他胸有成竹地笑道："我知道你的方法，但我也不说。"

楚王很纳闷，就问他们："你们在猜谜吗？快说，是什么方法。"

墨子说："鲁班的意思，不过是要杀掉我。只要杀了我，宋国就没有人能守城了。楚国大军就可以轻而易举地攻下宋国了。"

鲁班"嘿嘿"一笑，表示认可。

墨子不慌不忙地说："我来之前，已经让我的弟子、门人禽滑厘等三百多人，拿着我的守城器械在宋国城上严阵以待。你们即使杀了我，也没那么容易杀尽宋国的抵御者。"

楚王听后，觉得没有必胜的把握，无奈地放弃了攻打宋国。

墨子之所以能够成功地阻止一场战争，是因为他不仅有以兵安邦、济民与安的思想，更有与之相配的能力。他明白楚国对宋国发动战争的不义性质，自己站在正义的立场上，理直气壮；他机智善辩，举出日常生活中的例子进行类比说明，以理服人；当对方顽固不化时，他展示出高超的军事才能，让对方不得不服；最后再适时地亮出底牌：然臣之弟子禽滑厘等三百人，已持臣守圉之器，在宋城上而待楚寇矣。最终让楚国打消了攻宋之念。

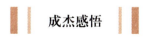

成杰感悟

墨子的"兼爱"思想，我非常赞赏。

在我看来，这个世界上的每个人、每个家庭的悲剧，都是这个世界的伤口；而世界的伤口，也演绎出一个个家庭的悲剧，因为世界本是一体的。

　　一个人活着，不能只是证明自己，还要去帮助和成就更多的人。

　　在这个世界上，有一种境界比个人的成功和荣誉更美好、更让人喜悦，那就是慈善，是大爱，是分享。

　　慈善不是有钱人做的，而是有心人做的。慈善不是等有钱了再去做，而是想到了就要去做。

第七章

德识才学兼顾，魂道器术同行：

如何智慧地运用国学

壽

夕陽無限好

只是近黄昏

書錄李商隱

辛卯冬

取舍：取其精华，去其糟粕

· 李燕杰日 ·

近些年，"国学热"的兴起让大家再次对中国传统文化产生了兴趣。

现在称为国学的，都是老祖宗留给我们后人的优秀传统文化。对传统文化的学习、继承、发扬，就是我们学习国学的意义所在。

我创建神州智慧传习馆，目的是传承，更是承传。

学习，是主体（人）与环境的相互作用，经过内化获得经验而外化为行为的活动。它包括了学习的主体、客体，学习活动的结果三个要素。简单来说，就是我们阅读国学经典的一个过程。

我们现在阅读的国学经典，就像陈年的老酒，需要"过滤"后才能饮用。我们要通过"过滤"，找到利于今天发展的"最大公约数"，才能学以致用，为社会主义建设做出贡献。一个国家之所以能够精诚团结、共同前进，一定有"最大公约数"的集结。

归结为一句话，我们要善于区别国学中的精华与糟粕，"取其精华，去其糟粕"。这样做的好处有三点：

一则，从学习的主体，也就是我们"人"这一角度来看，"取其精华，去其糟粕"是我们治学应持有的态度。

打个比方，我们阅读国学经典如同人吃饭。把"食物"放进嘴里，总不能囫囵吞到肚子里，必须经过口腔咀嚼、肠胃运动，才能吸收"食物"的精华，排除它的糟粕，最终转化为对我们身体有益的养分。

阅读经典也是这样，我们说"取"，是要将国学中符合时代的经典加以利用；我们说"去"，是要将暂不需要的内容加以批判地继承。孔子讲：择其善者而从之，其不善者而改之。我们在阅读的过程中，作为学习主体，必须充分发挥主观能动性，吸收国学经典中的精髓。

二则，从学习的客体，也就是国学经典这一角度来看，"取其精华，去其糟粕"更有利于国学经典发挥作用。

学习的最终目的是应用，就是我们说的学以致用。"取其精华，去其糟粕"恰恰是将国学经典看成一个有生命的物体来加以继承。我们要开动脑筋，反复衡量精华与糟粕之间的定位。我们还要在成果的运用中总结得失，不断发扬，最终要把作为客体的国学经典外化为成果。

三则，从学习的行为结果来看，"取其精华，去其糟粕"促进了国学经典和社会的协同发展。

国学历经千年的传承，在当今时代依然具有巨大的魅力，散发出如此强大的生命力，就是因为前人不断地扬长避短、综合创新，这本身就是对国学最好的传承。时至今日，我们依然要效法前人，对古人的智慧直接采用"拿来主义"，将古人的错误视为前车之鉴，通过独立思考做出正确的取舍。

学习国学经典，要立足于当代中国的社会现状，以我们当前的社会需求为标准，"取其精华，去其糟粕"。

在这点上，我十分赞同北京师范大学教授杨耕先生的见解：当代中国最大的实际和最重要的特点就在于把市场化、现代化和社会主义改革三种重大的社会变迁浓缩在同一时空之中进行。这一特殊而复杂的社会变迁不可能脱离中华传统文化而进行，但又不能在全盘继承中华传统文化的前提下进行。为此，我们研究国学的人任重道远，重任在肩，责无旁贷。

· 国学镜鉴 ·

在二十四史里，有两部唐代史，分别为《旧唐书》《新唐书》。

《旧唐书》是后晋高祖石敬瑭命人修撰的，《新唐书》则是北宋仁宗命人修撰的。

二书既成，后人皆认为《新唐书》比《旧唐书》高明。因为《旧唐书》纪次无法、详略失中、文采不明、事实零落，而《新唐书》的体例、剪裁、文采等各方面都很完善。

《新唐书》之所以从文采和编纂上比《旧唐书》强，是因为《新唐书》的编者有意对《旧唐书》进行了"取其精华，去其糟粕"的处理。

由于撰稿时间仓促，《旧唐书》里有许多文字较为粗糙，比如很多转抄自《唐实录》和其他国史资料的痕迹都没有被抹掉，"大唐""本朝""今上"的字样堂而皇之地存在，此可谓贻笑大方。《新唐书》的编者们在新修时删掉了这些词语，《新唐书》不管在体例、笔法还是风格上都比《旧唐书》完整严谨得多。

《旧唐书》里另一个不适宜处是内容编排较为混乱。《新唐书》的编者们在列传的标名上也做了归纳整理，他们把唐王朝的少数民族将领合并到"诸夷蕃将传"中，把中唐、晚唐时期割据的藩镇也归写到一起。这样，眉目就更为清楚了。

在中国国学典籍里，还有一部旷世著作，它的编写过程也是一个"取其精华，去其糟粕"的过程，这部书就是清代地理学家顾祖禹编写的《读史方舆纪要》。

顾祖禹，字复初，江苏无锡人，出身地理学者家庭。其高祖顾大栋撰有《九边图说》，曾祖顾文耀、父亲顾柔谦都通晓舆地之学。受家庭影响，顾祖禹也专攻史地，穷尽三十多年的精力，编著成一百三十卷、二百八十万字的《读史方舆纪要》。

这部《读史方舆纪要》是一部记叙地理沿革及战争形势的历史地理专著，着重考订古今郡、县的变迁，推论山川关隘战守的利害，是中国沿革地理学最具代表性的著作，也是研究中国历史地理和军事地理的重要参考文献。在书成之后的数百年中，它成为历史研究者不可或缺的重要工具书。

在编写《读史方舆纪要》的过程中，顾祖禹参考"二十一史"和一百多种地方志，以及其他大量文献，披沙拣金。他尽一切可能"览城廓，按山川，稽道里，问关律"，实地考核与文献记载的异同，进行了"取其精华，去其糟粕"的工作。

正是由于作者治学谨严、考证精详，《读史方舆纪要》中纠正了很多前人的错误。最典型的一个例子就是关于洱海位置的记载。

汉代的长安，西南有昆明池，是汉王朝模拟昆明国洱海（在今云南大理）的形状开凿的。晋代臣瓒误把昆明的滇池当作洱海，记载进《汉书音义》中。之后的一千三百多年里，大家都没有发现这个错误。虽然也有很多学者觉得这条记载与其他史料有冲突，但没有确凿的证据，只好为此争论不休。

顾祖禹经过详细的考察，终于分辨出汉代长安的昆明池和昆明国的关系。他在《读史方舆纪要》里纠正了这一错误，解开了这一谜团。

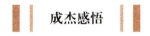

成杰感悟

"取其精华，去其糟粕"让我感触很深。

我在这些年的演讲中，水平应该说是日渐提高的，并且受到了越来越多人的肯定和好评。

尽管如此，我仍然不断学习，不断汲取其他演讲高手的经验和教训。

我每天都会抽出时间，看世界各国演讲高手的视频。他们中有专业的演讲家，有杰出的政治家，有优秀的企业家，也有受欢迎的教师。

我在观看他们演讲或讲课视频的整个过程中，会详尽地做笔记，重要环节或精彩之处，我还会反复地观看。从中，我学习到他们临场应变的宝贵经验，也总结出他们发挥不够好的地方，避免今后自己出现类似的尴尬。

充盈：腹有诗书气自华

李燕杰曰

有一次，我在清华大学给青年学生做演讲，会场座无虚席。讲完以后，学生们围着我，特别热情。有人说："李老师，您的演讲，为什么那么有意思呢？我们竖着耳朵，一直听不厌！"还有人说："李老师，您在演讲里旁征博引，就像在一个百货商店，我们想买什么就有什么。"

我笑着跟他们说："我不是有什么卖什么，而是你们想吃什么，我当场做什么。"

我不是说大话。我能够出口成章是因为我平素争取胸藏万卷、腹有诗书。

小的时候，我的玩具是一堆堆古书。在我三四岁的时候，父亲开设家馆，给学生们讲授《易经》等国学经典，我就在旁边听。不到 10 岁的时候，我就接触"四书"，有些已经能够出口成诵了。

对于这些传统经典，我在当时虽然没有会意，但它已深深融入我血液的记忆中，成为影响我一生的行为指南。

可以说，我是爱书如命，曾经总结出"五书之义"：买书、看书、写书、教书、藏书。

书已经成了我生命中最重要的东西，只要有空，我就会拿上一个大袋子，兴冲冲到书店、书市去淘书。迄今为止，我藏书已经将近四万册，成为北京市的明星藏书家。

我从小就在书海中遨游，从中获得了大量的知识，我阅读面之宽令许多人称奇。我跟很多年轻人聊天，说到什么书我都知道。他们都惊讶，说："李老师你还看这书呀！"我说："当然啦，你们年轻人看的书，我也看。"

读书是好事，但它也是一件非常占用时间的事，所以我们要会读书。

我要读的书，可以分为两种：

第一种书需要精读。我教过的课程所涉及的书，肯定是要精读的。我教中国文学史十四年，以唐朝为例，李白、杜甫我都要非常了解；到了宋朝，陆游、辛弃疾的诗，我都会背。有了这些专业底蕴，我才敢上台演讲，才敢面对台下那么多优秀的听众。**那些会成为自己看家本领的书，一定要精读。**

第二种书需要泛读。有一次，我买了一本很厚的书——《西北道教史》。按道理来讲，我不应该买的，这就是一本研究西部地区道教的书。但我翻开一看，这本书的资料特别丰富，它把中国道教的派别都编进去了，里面还有道教出现过的七千个碑，甚至连碑文都有。我一想，有些内容跟我有关，就买回来了。

我总结过读书的要诀：习、熏、悟、化。

读书，既要遵循孔子的"学而时习之"，又要重视精神的陶冶，更要重视思考与感悟，一定要把握书中的要义和根本，将其精华内化。

对我来说，演讲和教书是一个要将内化的知识和智慧外化的过程。

对我影响最大的图书，有四类：

其一，中国的《老子》《庄子》《论语》《孟子》等传统文化类书籍；

其二，欧洲的传统文化类作品，如苏格拉底、亚里士多德、柏拉图等人的作品；

其三，各个宗教领袖的作品，如《佛经》《圣经》《古兰经》等；

其四，有关马列主义、毛泽东思想的书，还有习近平的著作，这些是我最重视的。

在我心里，这些作品是人类的原典文化，它们都是人类文明的渊源和精粹。我就是要将自己吸纳的这些人类文明的精髓再以演讲和教育的方式传递出去，成为一个传递人类文明的火炬手。

· **国学镜鉴** ·

我们中国人形容一个人很有学问常用"腹有诗书气自华"这句话。

意思是：一个人读过很多书之后，他的性情就得到陶冶，整个人的气质就会很不一样。

类似的观念，外国人也有。法国作家雨果就曾经说过：各种蠢事，在每天阅读好书的影响下，仿佛烤在火上一样，渐渐熔化。

青年人要多读书，一旦有了较高的文化修养，体现于语言，则为语言美；见诸行动，则为行为美。

"腹有诗书"便会"气自华"，也更容易做出一番事业来。

在明朝的时候，有一个贫苦的青年就因为饱读诗书而气质特异，得到伯乐的赏识，从而有了建功立业的机会，他就是明末忠臣史可法。

史可法年轻的时候进京赶考，因为家境贫寒住不起昂贵的旅店，只好投宿于寺庙之中。在开考前的一段时间，史可法日夜苦读，通宵达旦。一天傍晚，他实在熬不住了，就靠在椅子上睡去。

恰好这天，当科主考"东林党"领袖人物左光斗来寺中闲游，发现这个陌生的青年学子在轻轻打鼾，便转身想要离开。这时，桌上一篇篇书写工整的文章吸引了左光斗，他轻轻拿起来，默默读后，颇为惊讶。这些文章正气淋漓、文采斐然，还颇有自己的一番见解，堪称大家手笔。

左光斗低头看那衣着寒酸的学子，不禁起了爱才之心。看到青年在熟睡中不经意地抱紧双臂，他当即脱下自己的外套披在了青年身上。这时，史可法醒来，看到自己身上的外套，又看到眼前笑吟吟的长者，他急忙起身问好。

左光斗没有透露自己的身份，只是说闲游至此，然后询问学子的姓名。史可法直言相告，于是双方攀谈起来。

交谈之下，左光斗惊喜地发现，史可法虽然衣着寒酸、面黄肌瘦，但是举止温文有度，谈吐雅致菁华，确是位"腹有诗书气自华"的学子。于是，他爱才之心益发迫切，把史可法这个名字牢牢记在心里。

左光斗是个正直的人，他并没有向对方透露自己的身份或是考题。他决定，只要史可法在考试中取得名次，他就会给予大力培养。左光斗坚信，以史可法之才，肯定能够金榜题名。

果然，在审阅卷子的时候，左光斗看到一篇洋洋洒洒的锦绣文章，感受到那种才华似曾相识。左光斗当即判断，这篇文章十有八九是史可法的作品。事实证明，他猜对了。

史可法考中进士后，得知此事的来龙去脉感动不已，当即拜左光斗为师。左光斗赏识和栽培史可法，并且对夫人说："吾诸儿碌碌，他日继吾志者，惟此生耳。"

史可法成为一代名臣，官至南明内阁首辅。

在清朝的时候，也有这样一位青年推崇"腹有诗书气自华"的理念，最终成为一代名臣，他就是曾国藩。

曾国藩曾经写过一句话用以自勉：人之气质，由于天生，本难改变，唯读书可变其气质。

观其一生，曾国藩也实践了这一理念。

当时的人比较迷信，按照相书的说法，曾国藩的面相不太好，三角眼的人一般心眼多，比较奸诈。但和曾国藩接触过的人，都被他渊博的学识和文雅的举止所折服，这就是他长期苦读、胸藏锦绣的结果。

从少年时代到青年时代，不管是烈日炎炎还是数九寒天，曾国藩都会埋头书海，念念有词。戎马倥偬的战争岁月中，曾国藩会捧读唐人的诗集，手不释卷。有一次，为了能够买下《二十三史》，他不惜借百两白银，以至于长期节衣缩食地还债。他在看完《二十三史》后，从经典中逐渐认识到自己的不足，决心开始改变自我。

曾国藩以"养得心中一种恬静"为目标，培养自己临事淡泊守志、淡定守静，对己慎独。渐渐地，一种良好的气质在他身上自然而然地散发出来。他独具魅力的个人气质也引来更多的饱学之士，一时间曾国藩麾下人才济济，为他建功立业出谋划策。曾国藩也得以成为"晚清中兴第一名臣"。

成杰感悟

学习是智慧的升华，分享是生命的伟大。一个人要有底蕴，唯读书耳。

《黄帝内经》强调医生要："上穷天纪，下极地理；远取诸物，近取诸身"。

张仲景说："博览群书，广采众方。"

孙思邈说："弱冠善读庄老及百家之书。"

很多政治家、教育家、医学家都十分重视"究天人之际，通古今之变，成一家之言"。现在这个时代流行通才，多读点书，一定没有坏处。

博学和博爱应当成为我们人生的信条。

我一直觉得，好的演讲家不靠耍嘴皮子。演讲不是传授知识，而是要给人以智慧。

要想给别人一杯水，自己必须有一桶水的储备。时代发展

得很快，需要学习的东西很多很多，一旦学习跟不上，就会被
时代抛弃。

浩然：天人合一存大道

· 李燕杰曰 ·

那天，我跟朋友聊天，谈到"天人合一"这个词。朋友一听，这不是唯心主义的说法吗？他说："您是共产党员，怎么能唯心主义呢？"我就笑了，跟他说："'天人合一'可不是唯心主义，它是古人的大智慧。"

那么，什么是"天人合一"呢？

"天人合一"这一思想观念，最早由庄子阐述，后来被汉代儒学的代表人物董仲舒发展为天人合一的哲学思想体系，并由此构建了中华传统文化的主体。

董仲舒在《春秋繁露》中讲："天亦有喜怒之气，哀乐之心，与人相副，以类合之，天人一也。春，喜气也，故生；秋，怒气也，故杀；夏，乐气也，故养；冬，哀气也，故藏；四者，天人同有之，有其理而一用之，与天同者大治，与天异者大乱。"

我的恩师现代哲学家张岱年认为：中国古代哲学家所谓"天人合一"，最基本的含义就是肯定自然界和精神的统一。

简单来说，"天人合一"就是人做事要符合客观规律。天是自然界，也是社会的规律、法则。如果说我们在生活、思考、做事的时候，不符合自然法则，不符合客观规律，那我们怎么能适应社会呢？

我是共产党员，信奉马克思主义。我在研究国学的时候，能够把两者打通，对比着分析。我发现，"天人合一"的思想跟马克思主义学说有相似之处。我在讲国学时，一再讲：天人合一、天人合德、天人合美。特别写下：天人合一存大道，知行合一德懿兴，情境合一成嘉趣，诚明合一路路通。我还讲"天人合一者真也，知行合一者善也，情境合一者美也，诚明合一者慧也"。

从天与人的关系来讲，人类社会来源于自然界，是自然界的一部分。

我们每个人的身体素质都不一样。刮阵风，下场雨，有的人没事，有的人就感冒发烧了。为什么呢？身体素质不一样。这是由先天基因和后天环境的影响所导致的，体现出人对自然界的依赖性。

人和人的能力不一样，有的人打小擅长计算，数学学得好，适合做会计工作；有的人算起数来一塌糊涂；有的人擅长踢球，能进国家队为国增光；有的人什么球都玩不好。这些天赋就是自然赋予人的。人的能力与特长是不同的，所以在社会生活中，人们一般都会从事符合自己智力和体力的工作，否则就不能胜任这份工作，这也说明人要服从客观规律。

"天人合一"的说法与马克思主义学说有相似之处，是大智慧。

· **国学镜鉴** ·

我们中华民族历经数千年的考验，巍然屹立于世界民族之林，"天人合一"的思想功不可没。

几千年历史里，中国社会的政治、经济、文化等领域，处处可以发现"天人合一"的观念。

在政治领域，历代君主都奉行"君权神授"的思想，皇帝称"天子"，造反者都打着"替天行道"的旗号。

在经济领域，历朝历代都奉行"民以食为天"，重农抑商，以农业为国之根本。

在文化领域，很多方面都体现出"天人合一"的思想。

在古典文学中，作者在塑造人物和铺陈情节的时候，皆以"天人合一"为圭臬。

《水浒传》里的一百零八条好汉聚义水泊梁山，替天行道，最终被朝廷招安，顺应了当时主流观念里的"正道"；《三国演义》的作者尽管心向蜀汉，但最终还是没有改写历史，归于"三分一统"的客观历史事实；《西游记》的主角孙悟空最初虽然不服天庭管教，挑战天威，可最后还是保唐僧西天取经，修成正果；《红楼梦》里的主人公贾宝玉不合于世俗，违背当时社会的发展，最终削发为僧。

我国传统绘画中的山水、花鸟、人物等创作，都以"天人合一"为指导思想，表现出大自然之美和人之审美的统一，将人与自然融为一体。

我国传统医学也是以"天人合一"的思想来看待人体的。《黄帝内经》中讲：人以天地之气生，法四时而成。人生于地，悬命于天，天地合气，命之曰人。天食人以五气，地食人以五味。这些说法都体现出传统医学中"天人合一"的理念。也是因为这个理念，中国传统医药物种丰富，里面金、石、草、木什么都有，信手拈来全是药，这一点让外国人都感到很神奇。

"天人合一"的观念同样影响了我国的传统建筑模式。从选址、布局、室内外环境设计到取材及营造技术各方面，都体现出这一思想。

在选址方面，中国传统建筑讲究"负阴抱阳、背山面水"。因为古人认为山是大地的骨架，水是万物的源泉。背负高山，面对江河，坐北朝南是修建房屋的最佳位置，这也体现出人渴望与自然相融合，获取最佳居住环境的观念。

在布局方面，北方传统的四合院是典型的民居样式，体现出天圆地方的传统观念。

在取材方面，中国传统建筑讲究以土木结构为主。土、木都是自然界随处可见之物，最大程度上满足了人们回归自然、融合自然的心理需求。与西方建筑相比，中国传统建筑还有一个最大的独特之处，就是很少用金属构件，而用木质梁、椽、榫、卯连接，最大限度地贴合自然。

在建筑造型方面，古人也充分表现出与自然协调的意念：虚实结合、轮廓柔和、曲线丰富，在稳重中呈现出一定的变化。

就建筑空间而言，中国传统建筑不像西方建筑那般，借助超尺度的高大空旷来表现建筑的庄重和神圣，而是坚持有节制的人本主义建造原则，即以人体尺度为原则，将建筑高度和空间控制在适合人居住的尺度范围内。建筑的造型和高度还会考虑周边环境，通过借用周边自然环境，使建筑与自然和谐统一，这也是"天人合一"思想的最好体现。

就建筑细节而言，中国传统建筑注重精致，以图案的美化和线条的丰富来糅和建筑造型，这些构建在建筑结构中起着非常重要的作用。比如，斗拱是中国传统建筑的常用模式，它不但具有造型、装饰的功能，还起到了增加屋檐长度、缩短梁枋跨度、分散节点处的剪力等作用。再比如，绘制有吉祥富贵图案的梁柱，用白色的台基相衬托，在营造出传统建筑庄重、大气氛围的同时还具有抗地震的作用。

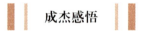

成杰感悟

"夫天地者，万物之逆旅也；光阴者，百代之过客也。"这是唐代"诗仙"李白的感喟。

"人生如逆旅，我亦是行人。"这是宋代词人苏东坡的感慨。

前后数百年，两位伟大的文学家想到一起去了。

我十分喜欢这两位"英雄"，也喜欢他们所见略同的感慨。在我看来，人就是自然造就的生灵，所以应该崇尚"天人合一"的思想，敬畏大自然，守护大自然。

我很痛心，现代很多人对日益恶化的环境持一种漠视的态度，更痛恨那些有意无意去破坏环境的人。

大自然是我们的母亲，是我们人类生活最大的宝藏和希望。如果我们再放任环境恶化下去，有朝一日，当环境被破坏得无法修复时，人类也就到了灭绝的边缘。

所以，我呼吁，所有的人，都来关心日益恶化的环境问题吧！

知行：坐而论道，起而践行

· 李燕杰曰 ·

王阳明是明代大学者，首次提出"知行合一"的说法，对后人影响巨大。

"知行合一"就是坐而论道，起而践行。

我们今天学习国学，就要遵循这个理念。通过学习国学理论，对传统文化产生兴趣，增长德识才学，创造真善美。要学以致用，要经世致用，要坐而论道，要起而践行。

为什么一定要"坐而论道，起而践行"呢？因为二者相辅相成，缺一不可。

只"坐而论道"，不"起而践行"，那么学到的东西就是空泛的理论，不切实际。只"起而践行"，不"坐而论道"，则在缺乏理论指导的情况下，就像是蒙着眼睛走路，费事不说，还容易迷路。

"坐而论道，起而践行"就是理论联系实践，是正确的、必要的。一个人有再高的学问，没有相应的实践，也难成大器。实践是检验真理的唯一标准。

曾国藩就十分注重"修身"的理论和实践。他认为，提高个人的道德修养，一定要身体力行。只有这样，才是真正的读书人。

曾国藩"坐而论道，起而践行"并不是空口说白话，而是实实在在地做到了。他为自己制订了严格的修身计划"日课十二条"。内容大概为：

一、主静：无事时整齐严肃，心如止水；应事时专一不杂，心无旁骛。

二、静坐：每日须静坐，体验静极生阳来复之仁心，正位凝命，如鼎之镇。

三、早起：黎明即起，决不恋床。天道酬勤，勤字之本在于早。

四、书不二：书未看完，决不翻看其他，每日须读十页。

五、读史：每日至少读二十三史十页，即使有事亦不间断。

六、谨言：出言谨慎，时时以祸从口出为念。

七、养气：气藏丹田，修身养性。

八、保身：节劳、节欲、节饮食，随时将自己当作养病之人。

九、日知其所亡：每日记下茶余偶谈一篇，分为德行门、学问门、经济门、艺术门。

十、月无忘所能：每月作诗数首，不可一味耽搁，否则最易溺心丧志。

十一、作字：早饭后习字半小时，凡笔墨应酬，皆作为功课看待，决不留待次日。

十二、夜不出门：临功疲神，切戒切戒！

事实证明，曾国藩在此后的人生中，基本完成了"日课十二条"，践行了自己的修身理念。

为了坚定自己的修身意志，曾国藩还特地把多年吸烟的习惯戒掉了。

按照他自己的说法，三十岁以前的他最好吸烟，几乎片刻不离。但是，自从道光壬寅年（公元1842年）十一月二十一日立志戒烟后，虽然其间他"初戒吃烟，如失乳彷徨"，难受到心神彷徨、几若无主的地步，可在坚持戒掉后，他终身没有复吸。

相对于戒烟这项大工程，偶尔的赖床似乎就不算什么了。可是在这方面，曾国藩对自己的要求也严格到近乎苛刻。

某个月，曾国藩发现自己在本月里有十三天未能早起，十分不安。他不断谴责自己，并写下日记说，我睡懒觉，以为别人不知道，可清醒之后就扪心自问，难道仆人不是人吗？他们看不到我睡懒觉吗？既然天知、地知、别人也知，那我为什么还要自欺欺人呢？于是，他鞭策自己改掉了赖床的坏习惯。

曾国藩能够践行自己奉行的人生之道"坐而论道，起而践行"，值得我们现代人深思和学习。

· 国学镜鉴 ·

有一副对联很有名，叫作：

风声、雨声、读书声，声声入耳；

家事、国事、天下事，事事关心。

这副对联的作者是明代东林学派领袖顾宪成。

说起明代的东林学派，可谓搅动了半个明朝的历史，直到今日依然影响很大。主要的原因是他们书生论政，充分体现出"坐而论道，起而践行"的精神。

明朝中期以后，由于统治阶级日渐腐化，国家经济衰退，民不聊生。明神宗万历年初，首辅张居正开始进行改革，在增加财源、澄清吏治、整顿军事等方面都取得了一定的成效。

可是，封建社会的一大特色就是"人亡政息"。当张居正病故后，明神宗亲政，废除了所有的新政措施。明神宗本人长期怠政，明朝政治黑暗、经济败落、军事力量衰退。明朝内部吏治腐败，苛捐杂税日益繁重，民怨沸腾。明朝边陲，后金崛起，蚕食着关外领土。

面临这种内忧外患的形势，东林学派的知识分子开始关心国事，积极呼吁改革弊政。东林学派是当时著名学者顾宪成在家乡无锡的东林书院讲学时聚集起来的一批忧国忧民的读书人。顾宪成在读书人中的声望很高，他发起东林大会，制定了《东林会约》，规定每年举行大会一两次，每月举行小会一次。每次聚会，东林学派都是在议论时政。

东林学派的讲学和研究内容也是儒家经史著述，在内容、形式和方法上都有着极强的针对性、实用性。他们强调从实际出发，注重讲实学，办实事，有实用，求实益。

东林学派标榜气节，崇尚实学，在讲学中经常触及社会现实问题，探讨如何改变政治腐败、民生凋敝的现状。他们把读书、讲学和关心国事融为一体。

东林学派吸引了许多有志之士，其中还包括那些在朝任职的正直官员，逐渐由一个学术团体演变为一个政治派别，被称为东林党。

东林党人逐渐开始影响朝政，真正由"坐而论道"变为"起而践行"。他们提出了三项具体主张：开放言路，反对宦官干政，反对矿税。

明代中期以后，江南地区的商品经济和工场手工业快速发展，出现了资本主义萌芽。但是，从万历二十四年（公元

1596 年）起，明神宗派出宫内宦官到各地采矿和征税，这给当地的工商业造成了极大阻碍。

山西巡抚魏允贞上疏，极言"宦官出领矿、税，为民祸害"；大学士叶向高上疏要求罢撤矿监、税使；吏部侍郎冯琦上疏明神宗，这些矿监、税使迫害百姓，断绝贫者生计，使富者破家散财，如此下去，必酿大祸。

东林党中反对矿监、税使最激烈者要数凤阳巡抚李三才。他不但上疏皇帝，揭露税使、矿监这一弊政的要害，而且严惩太监爪牙。他将罪大的捕杀，罪小的赶走，严重打击了太监们的气焰。

在东林党人不懈地斗争之下，朝廷最终宣布撤掉一切矿监、税使，并重新起用了过去因反对矿监、税使而被处分的官员。

成杰感悟

近年来，传统大热，国学大热，全民开始认识国学。然而，大部分人把学国学等同于背国学。其实，学国学，最重要的是悟，是实践。

坐而论道，起而践行。

成杰

巨海集团董事长
中国培训委员会副会长
上海巨海成杰公益基金会创始人
企业家、演说家、慈善家、畅销书作家

一语定乾坤

纵横天下的商业大智慧 创千秋伟业的十大法门

讲话积极正面、向上向善，就是在 **传播正能量**

讲话消极负面、向下向恶，就是在 **扩散负能量**

人类每一次进步，都离不开语言开路！

巨海官网：www.juhai101.cn   成杰官网：www.chengjie108.com

一语定乾坤 YI YU DING QIAN KUN
四力合一

成杰老师 简介
巨海集团董事长
2015年青年川商领袖
中国培训委员会副会长
上海巨海成杰公益基金会创始人
四川禅心禅茶实业有限公司董事长

领袖力（能量）
领导人所有的问题都是能量的问题。
领导人的第一品质就是能量。
我是一切能量的来源。

影响力（境界）
如何做到一句话说服消费者？
如何做到一句话吸引顶尖人才？
如何做到一句话传播企业品牌？
如何做到一句话传递企业家精神？
如何做到一语惊四座，一语定乾坤？

经营企业所遇到的问题不是能力的问题，也并非
方法的问题，而是企业家境界的问题。境界上去
了，问题就没有了。

演讲力（语言）
五行演说系统
水—魂—感觉 演讲的灵魂是什么？
土—道—帮助 如何才能达到我演讲的目的？
金—法—法门 伟大的演讲家是如何产生的？
木—器—器具 好的演讲要运用什么工具和道具？
火—势—激情 伟大的演讲家生生不息的激情来自于
哪里？

生命力（智慧）
生命的拥有在于时时感恩，生命的能量在于焦点利众。
生命的伟大在于心中有梦，生命的强大在于历经苦难。
生命的喜悦在于传道分享，生命的价值在于普度众生。
生命的绽放在于内在丰盛，生命的幸福在于用心经营。
生命的成长在于日日精进，生命的蜕变在于真正决定。

器(道具)

木

魂(感觉)   水   火   势(激情)

金   土

法(法门)   道(帮助)

五行系统
金木水火土

一语定乾坤·中国企业家的必修课

成杰老师在《一语定乾坤·总裁研讨会》现场

上海巨海成杰公益基金会
把爱传出去 生命更精彩
Spread love. Life is more wonderful

巨海集团

简介

INTRODUCTION

上海巨海企业管理顾问有限公司由领袖型企业家成杰老师与多位当今亚洲顶级实战派大师共同创办。

巨海公司成立于2008年10月，从最初的5人的创业团队发展到今天1000多人的精英团队；从上海一家公司发展成为上海、杭州、成都、北京、浙江、广东、江苏、河北、内蒙古、重庆、凉山州、绵阳、宁夏、南通、温州、柳州、广西、金华、嘉兴、宁波、浦江、衡水、枣庄、眉山、乐山、雅安、永川、苏州、义乌、东阳、泸州、双流、温江、郫县、江津……60多家分（子）公司。

巨海公司是一家集巨海商学院、巨海管理干部商学院、未来领袖商学院、企业实战管理、领袖魅力演说、企业内训、顾问式咨询诊断、演讲家论道、领袖论坛为一体的专业咨询机构。

巨海公司以"帮助企业成长，成就同仁梦想，为中国成为世界第一经济强国而努力奋斗"的伟大使命为己任；巨海公司立志成为"中国最具正能量的教育培训机构"。

巨海公司在2010年度获"中国十佳培训机构"和"中国实战管理培训最具影响力品牌"荣誉称号；2011年度获"中国管理咨询行业最具竞争力品牌"和"中国管理咨询行业最具竞争力十大品牌"荣誉称号；2015年度获评"中国文化管理协会培训委员会副会长单位"。

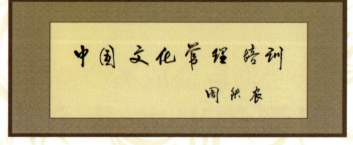

全国人大常委会原副委员长周铁农为巨海集团题字